El himno de Andalucía

JOSÉ MARÍA DIÉGUEZ GARCÍA

El himno de Andalucía

Premio Memorial Blas Infante 2024

ALMUZARA

Primera edición: mayo de 2025

Editorial Almuzara • Colección Andalucía
Editora: Rosa García Perea
Maquetación: Miguel Andréu

www.editorialalmuzara.com
pedidos@almuzaralibros.com - info@almuzaralibros.com

Editorial Almuzara
Parque Logístico de Córdoba. Ctra. Palma del Río, km 4
C/8, Nave L2, n.º 3. 14005 - Córdoba

Imprime: Gráficas La Paz
ISBN: 978-84-10528-19-2
Depósito legal: CO-1001-2025
Hecho e impreso en España - *Made and printed in Spain*

Índice

PRÓLOGO

ANDALUCÍA, UN HIMNO: UN HIMNO PARA ANDALUCÍA

"Las insignias de Andalucía
nos dignifican como personas
y como pueblo".
Blas Infante, revista *Andalucía*, 1919.

La historiografía sobre el Andalucismo Histórico continúa avanzando. Lenta pero inexorablemente, se han ido desbordando los contenidos que se difundieron durante nuestra particular transición andaluza al autogobierno de la mano de quienes denomino «arqueólogos», por descubridores, de un primer andalucismo infantiano. Si bien aquella generación de rescatadores significó el reencuentro con una parcela silenciada de nuestra historia reciente, no es menos cierto que aquel aporte puso en valor en un momento muy concreto, determinadas figuras, hechos y elementos discursivos desconocidos para los andaluces y andaluzas. Un relato identificado con una primera generación de andalucistas en tiempos de Blas Infante que, por ignorados o, mejor dicho, intencionadamente ocultos desde el golpe militar del 18 de julio, aportaron un empuje identitario social a la conquista de una autonomía que, superando el consenso constitucional, nos igualaba a otras nacionalidades históricas.

Aquella primera oleada de investigadores que, desde la historia, el periodismo o la sociología, entre otras disciplinas, recuperaba para el presente una dimensión que otra nueva remesa de estudiosos durante las últimas décadas ha profundizado ya desde el amparo en muchos casos de universidades y bajo una perspectiva científica. Baste un ejemplo para ilustrar nuestro argumento vinculado a la obra que prologamos.

Al hilo del final de la primera Guerra Mundial, la aparición de la Sociedad de Naciones y el fin de los imperios decimonónicos surge la necesidad de visualizar aquellas realidades culturales que aspiran a un reconocimiento político en el nuevo orden europeo. En una dimensión estatal, la crisis de 1917 y el agotamiento del régimen de la Restauración pondría de manifiesto la necesidad de «liquidar» la vieja España monárquica y dar luz a los discursos y propuestas de los emergentes nacionalismos periféricos alternativos. Entre ellos, la acción política y social renovadora de un incipiente e inédito movimiento andaluz, articulado durante aquellos primeros años a través de los centros andaluces, consideró necesario dotarse en su Asamblea de Ronda (1918), de elementos identificativos fijando símbolos a la par de concretar sus bases ideológicas y su agenda reivindicativa. Si bien las élites andaluzas estaban más interesadas en su integración directa en el Estado, desde el andalucismo se vivió durante el primer tercio del siglo XX un giro ideológico hacia la izquierda preñado de múltiples inquietudes decididas a impugnar el latifundismo y el caciquismo. Dicho esto, como hemos señalado, la historiografía publicada durante la década de los setenta u ochenta identificó dicho encuentro rondeño como punto de partida para la puesta en marcha de estos elementos distintivos e identitarios. Aquella primera convicción hizo localizar en 1997 en la sede rondeña del Círculo de Artistas, una placa conmemorativa recordando cómo en dicho espacio y en aquel foro andalucista, se «aprobaron» los tres símbolos de Andalucía. Precisamente, los que hoy son reconocidos.

Años más tarde y por diferentes trabajos hemerográficos citados en esta obra, se ha demostrado que en la ciudad rondeña y durante aquel primer encuentro iniciático para el ideal andalucista, en realidad, se aprobó por unanimidad la forma de nuestra bandera: tres franjas horizontales de igual medida junto a sus colores verde y blanco, como tonalidades más constantes a lo largo de toda la historia. Impregnados ambos de simbolismos poéticos e invocaciones históricas más allá del periodo andalusí. Del mismo modo, desde el idéntico origen rondeño se iniciaba también la búsqueda de la composición definitiva que cobijase a Hércules, sus dos leones y su lema. Las publicaciones, timbres y membretes adoptadas por los andalucistas a partir de entonces documentan diferentes presentaciones que van desde el diseño creado por Andrés Martínez de León hasta el azulejo de la fachada de la Casa de la Alegría de Infante en Coria del Río. Incluso, sustituyendo en algún ejemplo la palabra España por la plural *Iberia* como adhesión a la doctrina que postula la unión —o al menos una más estrecha colaboración— entre España y Portugal.

Así, el foro andalucista de 1918, en contra de lo comúnmente aceptado por la tradición difusora, no aprueba el himno. Cuestión que este trabajo es de las primeras cuestiones que aborda el autor —José María Diéguez— y deja contundentemente despejada. Más bien, allí se inician los debates sobre la oportunidad de un himno, lo cual nos demuestra que no quedó definitivamente resuelto. Nace con la llegada de la República bajo el amparo de la entonces Junta Liberalista como entidad que agrupaba a los hombres y mujeres que perseguían el anhelo de un Ideal Andaluz. Sin duda escudo e himno representan una simbología identitaria más difícil de consensuar que una bandera —arbonaida— la cual, desde los primeros momentos del movimiento, se asume y difunde con absoluta normalidad y unanimidad. Una constante tanto en tiempos de Infante como durante los años de la conquista de la autonomía. Con ello, cabe precisar al respecto que, si es algún otro momento de la Historia se utilizaron otros diseños y colores, sólo a partir de Ronda y desde 1918, se identifica a la enseña como representativa de la existencia de una unidad geográfica e identitaria que se afirma en el contexto plural de pueblos del Estado y que, con dimensión política, supone su tipificación como sujeto político propio. Igualmente, es necesario señalar ante mitificaciones el hecho de que si en alguna época histórica se ha utilizado los colores de la bandera, su significación queda muy distante de la interpretación soberana que se le otorga a partir de la citada asamblea andalucista.

Sirva este ejemplo para ilustrar tanto los avances como las matizaciones que el tema de los símbolos requiere y obliga. En este sentido, podríamos sintetizar que la bandera es una evocación al pasado, el escudo y lema una movilización en el presente y, el himno que nos ocupa, una aspiración de cara al futuro que se necesita conquistar. Una apelación a la conciencia de un pueblo que se levanta consciente de su pasado, presente y que desea ser protagonista de su futuro. Incluso, el grito ¡Viva Andalucía Libre!, aparecido por vez primer en la prensa andalucista de 1918 y con el que en muchos casos se suele culminar espontáneamente el canto colectivo del himno, exento de toda interpretación secesionista como ya sentenciara la Justicia en su día, constituye la síntesis perfecta sobre la existencia, afirmación y anhelo de un sujeto colectivo que quiere librarse de sus ataduras y dependencias seculares.

Con ello no pretendemos sino poner el valor algunas dimensiones de unos símbolos que en su día lo fueron testimonialmente solo del movimiento andalucista, pero que, a través del periodo republicano, sobreviviendo al franquismo, fueron recuperados hasta el punto de convertirse hoy en elementos oficialmente reconocidos y protegidos por las instituciones de la Comunidad Autónoma. Algo que esta obra bien se encarga de presentar por cuanto su devenir a lo largo del siglo XX, dado que no solo se trata de valorar el himno en sí mismo: este estudio lo analiza en sus diferentes versiones y, sobre todo, ante aquellas vicisitudes por las que ha transitado al paso del tiempo.

Creemos necesario destacar al menos dos proyecciones que atesoran nuestros símbolos, ambas acogidas en el objeto que da sentido a este trabajo. Por un lado, a los valores fraternales que todos representan. Al margen de interpretaciones literarias y subjetivas, siempre atrevidas, en el ejemplo del himno, la melodía y la letra no son una mera casualidad ni un artificio por encargo. Acogen sugerentes interpretaciones que no pueden ser objeto de una simple literalidad. Sus versos evocan, reflexionan, invitan, reclaman a quienes lo leen o interpretan. Poco tienen que ver la densidad presente en el contenido de sus versos ante la cita del himno de la Comunidad de Madrid y sus referencias exactas a: «garajes, museos, estadios, semáforos, bancos...». De otra parte, es notable la ausencia de toda dimensión supremacista, religiosa o militarista. Todo lo contrario, se invoca desde la espiritualidad una paz y esperanza que implican baluartes del progreso que acompañó un pasado esplendoroso, donde solo la luz como consciencia necesaria, es capaz de alumbrarnos ahora el camino necesario para recuperar lo que se perdió. Lo cual explica la aparente paradoja de ese «nacionalismo internacionalista» que aplica el notario de Casares a su pensamiento: Andalucía por sí, como obligatorio primer paso la solidaridad con otros pueblos que componen la España plural y, prolongando esa responsabilidad compartida, hasta indicar, ya bajo una escala universal, un anhelo de una fraternidad humanista. Algo nada baladí. No parece casual que Andalucía sea el único territorio del planeta que en el lema de su escudo —referenciado insistentemente también en la letra de su himno— aluda a la humanidad. No existe otro hoy. La excepción, cabe citarla aquí, llega de la mano de la llamada República Juliana que, por el efímero margen de cinco meses en el Brasil de 1839, abrazó el lema: «Libertad, igualdad, humanidad».

Con ello, convencidos estamos de que el andalucismo político de aquella primera ola o generación, infantiana siempre, apostó por la creación en esta tierra de una nueva cultura política capaz de activar el nacimiento y la evolución de la conciencia andalucista. Un movimiento que pretende ocupar/continuar el espacio de su nutriente republicano federal. Eso sí, siempre ausente de un mero relato historicista o supremacista. La Historia como dimensión generadora de un sentido cívico, lo es por cuanto explica el subdesarrollo presente en esta tierra y demuestra esa dominación colonial que acogen las mentalidades por estas latitudes. Frente al negacionismo de la ultraderecha y ante su calculado intento por desprestigiar tanto la figura de Infante como de la existencia de una identidad propia para Andalucía, cada vez queda más claro el carácter diferenciador de un andalucismo político, cultural y social que, como conciencia superadora de un mero sentimiento de pertenencia, constituye por si una tenaz afirmación frente al histórico, recurrente y fracasado intento del nacionalismo español por imponer su versión única, definitiva y monocorde. Una reacción que sigue fracasando en su intento, represivamente centralizador, de eliminar la diversidad identitaria e implantar su añejo y caduco punto de vista idealizado de una España imperial y uniforme.

Por todo ello, el trabajo que ahora tiene en sus manos no es un estudio cualquiera. Invita a saborear una música y una letra que nos sitúa ante el espejo de lo que somos. José María, músico andaluz de Coria del Río, con amplia trayectoria docente y en la dirección musical pese a su juventud, ha sabido elegir un comprometido tema para su tesis doctoral. Su formación como maestro, licenciado en música y con máster en musicoterapia, es muy probable que le hubieran sugerido diferentes temáticas para abordar ante el reto del escalón más serio de su currículum académico. Sin embargo, la inquietud y su sentimiento le empujaron a atreverse con un tema inédito y de hondo calado; de ámbito andaluz, con serias implicaciones institucionales, de amplia trayectoria temporal y que muy bien ha sabido apreciar la Fundación Blas Infante con su premio anual y ahora con este libro bajo el amparo de la editorial Almuzara. Lástima que las universidades de Andalucía no lo hayan considerado así y por esto el cum laude a esta tesis haya venido suscrito desde Cuenca por la Universidad de Castilla-La Mancha. Parece confirmarse así el refrán de no existen profetas en su tierra. Es el sino de quienes amamos a esta tierra y ante el que muchos nos resistimos a desertar. Y es que estudiar el Himno de Andalucía son palabras mayores y sólo un músico podía decidirse por él. Cada vez tengo más claro que tanto la personalidad de Infante, como su movimiento y pensamiento, deben analizarse desde un plano multidisciplinar.

Cabe señalar que esta obra es una síntesis de una tesis doctoral inédita y que, por lo tanto, representa una versión resumida de un esfuerzo mayor. Podrá observar el autor el relato de cómo se ha articulado la necesidad, devenir y recuperación del símbolo a lo largo del siglo XX y el análisis, ya más especializado, de los matices que expresan la «ortografía musical» —permítanme llamarlo así— de las diferentes versiones que existen del mismo. Igualmente, no puedo esconder que el esfuerzo por conocer y documentar de José María nos ha llevado a horas de charla que han fraguado en una amistad cómplice, gracias a la cual que me ha permitido ser un observador privilegiado de los avances y un elegido participante de sus conclusiones. Como bien señala en su obra, el himno andaluz no solo es una composición musical sino una «manifestación cultural y social» arraigada íntimamente en la historia contemporánea de esta tierra. Por ello, no solo el estudio se sumerge en los orígenes de este vinculado a las propias vivencias personales del nominado por el Parlamento de Andalucía como Padre de la Patria Andaluza, revisa además distintas propuestas paralelas —obvio que más folclóricas y menos comprometidas— que se han atribuido la categoría de himno andaluz. Nos consta en ese sentido, el empeño y los esfuerzos del doctor premiado por documentar la partitura original del himno adaptada por el maestro del Castillo para su primera interpretación oficial en la sevillana Plaza de San Lorenzo en 7 de julio de 1936 y tres días más tarde en un concierto en el Alameda de Hércules, en ambos casos interpretado dentro del programa oficial por la banda municipal bajo la batuta del citado director, por cierto, represaliado por los sublevados del 18 de julio. Por ahora no ha habido suerte, difícil con un golpe militar por medio que negaba la existencia de

Andalucía más allá del hecho geográfico. No obstante, también nos consta que existen nuevas intuiciones en la investigación que nos depararán posibles sorpresas que, de confirmarse seguirán ampliando los límites siempre inacabados de todo estudio, pero que, ahora, por respeto y pudor, no comentaremos. Como suele suceder, trabajos previos han servido de raíz y motor a este ahora sobre sus manos, como también desde el presente se incentivarán en el futuro otras tantas iniciativas investigadoras.[1]

Blas Infante, identificando el origen de la melodía con un himno al Sol primitivo, lo escucha e interpreta además como canto religioso trinitario —Santo Dios— en su internado del Colegio de los Escolapios en Archidona. Más tarde, en su libro *Orígenes de lo flamenco y secreto del cante hondo* anota que también está presente como canto jornalero por distintos puntos de la Cuenca del Guadalquivir y, por nuestra parte, damos fe de cómo en una charla sobre el andalucista se nos atestiguaba también su presencia por zonas de La Mancha, las más próximas a Sierra Morena. Precisamente, al hilo de la obra también premiada y publicada en su día por la Fundación Blas Infante (Hijano del Río y Ruiz Romero, 1995), se ratificaba la mera intuición por parte de algunos autores que cuestionaban el origen rondeño del binomio letra-melodía identificado como himno andaluz. No dejaba lugar a dudas el documentar gracias a la entonces Junta Liberalista por medio de su folleto fechado en 1933, el registro de la música a piano con su nueva letra. Sin embargo, como hemos comentado, esa composición como himno de Andalucía solo tendría efecto en los testimoniales círculos andalucistas, apostando la pro autonómica republicana Comisión Organizadora de la Asamblea Regional Andaluza por la música del pasodoble La Giralda del maestro Enrique López Juarranz, considerando que sintetizaba músicas y ritmos populares propios de

1 Puede consultarse al respecto toda la bibliografía sobre el Andalucismo Histórico actualizada en la web de la Fundación Blas Infante: https://fundacionblasinfante.org/nuevo-indice-bibliografico-sobre-el-andalucismo-historico/

Andalucía. Aquella música, sin letra, acompañará a las republicanas notas de Riego, y ambos, a los izados de la verde y blanca por los diferentes consistorios de los ocho territorios de este país. Dinámica al autogobierno que será cercenada de raíz por el golpe militar de 1936, con lo que el autor también ha considerado muy oportunamente abordar en este trabajo cómo se rescata el símbolo y transita durante la reforma política y el proceso estatuyente hasta convertirse, primero en una Ley 3/82 desde donde se define y protege y, más tarde, en el tercero de los artículos del vigente Estatuto de Autonomía para Andalucía aprobado en 2007.

Pero José María Diéguez García, no sólo es un teórico de la música como podría pensarse. Una sólida formación acompaña su práctica y pedagogía como docente musical en distintos centros educativos de nuestra tierra. Desde su licenciatura, tras pasar por la academia de la Banda de Música de Nuestra Señora de la Oliva y por el Conservatorio Elemental de su municipio natal, Coria, profundiza en su formación en el Conservatorio Profesional de Música Cristóbal de Morales de Sevilla y en el Superior de Música Manuel Castillo, ambos sevillanos, especializado en el clarinete como instrumento de la familia viento-madera. Con esta formación, ha ejercido de profesor tanto del Conservatorio Superior de Música Rafael Orozco de Córdoba, como del de Málaga y compaginando la docencia con otra práctica que redondea sus capacidades y conocimientos: la dirección musical, cursando, actualmente, el grado superior de dicha disciplina. Ha sido director de la Banda de Música de La Puebla del Río y de la Agrupación Musical San Lucas Evangelista de Coria del Río. Con todo este bagaje y conjunto de méritos, tal y como un buen amigo me llegó a decir a mí mismo, la máxima calificación en su tesis viene a ser el mejor -o uno de los mejores- renglones de su presentación curricular a la que sumar el premio Memorial Blas Infante del año 2024 y, a partir de ahora, el libro cuya lectura le espera.

En referencia a esa experiencia en bandas de música y en el horizonte de un futuro prometedor en la dirección de estas, a lo cual desde aquí animamos, me tomo la licencia de referir la oportunidad de que el Himno de Andalucía se encuentre más presente en nuestra Semana Santa tanto en las salidas y entradas de las imágenes como durante el recorrido. Su demostrado origen religioso le hace valedor de esa oportunidad y, por otra parte, es hora de superar —o al menos compaginar— su presencia con la del himno español, cuya imposición se normalizó por parte del nacional catolicismo como rito de victoria golpista en un régimen franquista que convirtió las celebraciones religiosas, y con ellas la singular forma de entenderlas en Andalucía, en elementos propagandísticos y de sumisión a sus valores dictatoriales. Que sepamos, desde 1986, la Hermandad de los Dolores en el Cerro del Águila en Sevilla y el Medinaceli en San Roque fueron las primeras de Andalucía en tocar en sus procesiones el Himno de Andalucía. Posteriormente, lo hizo en 1998 la Hermandad de los Gitanos de Utrera y la de los Dolores en Villanueva del Arzobispo. Aún sin haber profundizado en esta posibilidad cofrade, y como mero ejemplo, tenemos también constancia de que en la Hermandad de Resurrección y Triunfo de Granada ha sido interpretado, al igual que en la Virgen de los Dolores de Marchena, la Hermandad de Santa María del Saladillo en Algeciras, en la Hermandad de la Columna de Ronda acompañando la Virgen de la Esperanza y de las Angustias, acompañando la Virgen del Loreto en la Hermandad del Resucitado de Marchena y gracias a la Hermandad de Jesús Orando en el Huerto ha sonado por Villa del Río. Sin querer presentar aquí más que unos someros apuntes, sería deseable esta normalización acorde de otra parte con los valores constitucionales vigente en la España de hoy.

Nos corresponde a los investigadores el beneficio de la duda y, por tanto, marcarnos nuevos horizontes críticos que, aún por arriesgados, tambaleen contenidos tradicionales para apuntar a modo de retos hipótesis futuras. En este sentido, la bibliografía sobre el himno, al margen de textos muy divulgativos, resultaba excesivamente parca para la importancia que tiene en la Andalucía actual. Más allá de la comparación entre las partituras publicada y examinando otras piezas atribuidas bajo dicho carácter, el autor a través de esta obra ratifica, madura o bien directamente pone en cuestión, referencias hasta ahora interpretadas como verdades dominantes precipitando, entre otras, a un par de importantes conclusiones. Las partituras existentes hasta ahora, a piano, delatan cambios en los compases que atribuye a errores al ser copiado. De otra parte, aunque han existido varios intentos del Parlamento de Andalucía para dar luz a una versión única oficial —musicológicamente hablando— la realidad se ha impuesto al deseo en la medida que cada autor, conjunto de músicos o instrumentos, característica del evento e, incluso destinatarios, han condicionado dicha voluntad normalizadora que, aun por bienintencionada, siempre estará condicionada por la creatividad propio compositor que ajusta melodía al interprete o al público. Sería harto curioso, y es otro posible reto sonoro de cara al futuro, reunir bajo un solo formato la ingente variedad de interpretaciones individuales o grupales, ejecutadas en el rico abanico compositivo que va desde un solo músico a una orquesta sinfónica. Desde la copla al rock, pasando por el por y el rap, todos y todas tenemos en mente algún recuerdo preferente en ese sentido.

Convencido estamos pues de que, tras la lectura de esta obra, todo será distinto cada vez que escuchemos u oigamos nuestro himno. Invito desde aquí a saborear sus estrofas y tomar conciencia de sus significantes más allá de la mera repetición mecánica de palabras entonadas. Vale la pena detenerse. Como vale la pena también ser consciente de que cada vez que lo oigamos o cantemos, paladeemos una melodía que es parte ya por méritos propios de la memoria colectiva de este pueblo. No hubo que inventar nada cuando conquistamos nuestra autonomía por vez primera. Más bien, fue la aceptación popular de los andaluces y andaluzas la que lo fue imponiendo en el tiempo precipitando sobre los representantes políticos del momento, la oportuna necesidad de responder a una demanda ya consolidada y que hubiese sido tan polémica como poco entendible que no se hubiera respetado con el consabido reconocimiento. Solemos defender que una de las características de nuestra particular transición al autogobierno es precisamente la recuperación y puesta un valor de unos símbolos que son parte ya de las señas de identidad de nuestra cultura, respondiendo cada uno de ellos a una serie de características propias. Este trabajo es buena muestra de ello.

Finalmente, quiero agradecer a la Fundación Blas Infante su continuidad para con la convocatoria de estos memoriales anuales de investigación; las cuales, hasta el presente rozan ya las cuatro décadas promocionando estudios y editando sus resultados. Del mismo modo, a la empresa editorial andaluza Almuzara, quien desde su colección Andalucía se hace eco de sus contenidos con una imprescindible labor difusora y comercializadora, sin la cual no sería posible la socialización de este ámbito del conocimiento. Por último, a José María Diéguez, verdadero protagonista de estas páginas en su calidad de autor además de amigo; por la valentía mostrada a la hora de afrontar esta temática y por su sensibilidad como investigador para con un tema de escala andaluza. Y como no, por las charlas que hemos tenido y las que de seguro vamos a continuar desde esa pasión singular que compartimos: ejercer de andaluces de conciencia en Andalucía.

Dr. Manuel Ruiz Romero.
Investigador del Andalucismo Histórico.

PRESENTACIÓN

El himno de Andalucía[2] es una composición musical que ha desempeñado un papel fundamental en la historia y la cultura de nuestra tierra. Desde su adopción oficial en 1982, ha sido utilizado como un símbolo identitario y ha acompañado momentos clave en la lucha y reivindicación de los derechos así como la autonomía de Andalucía.

El presente trabajo no pretende ser una referencia en cuanto al andalucismo histórico[3] ya que este autor no es especialista en historia, siendo la temática principal la música. Es por ello que, en el primer capítulo, se hace una aproximación muy por encima sobre la Asamblea de Córdoba y sus aspectos más importantes. En cuanto al corpus principal del libro, se realiza un minucioso estudio acerca de las partituras que se conservan del himno de Andalucía, sus características musicales y textuales, poniendo de relieve cuándo fue descubierta cada una y ordenándolas cronológicamente. No ha sido fácil el trabajo de recopilación de las partituras históricas del Himno debido a la confusión que hay a su alrededor, al ser consideradas todas, la misma partitura. Además, se ha realizado una comparativa entre cada una de ellas, compás por compás, nota a nota, mostrando las diferencias y semejanzas entre cada una de ellas.

2 A partir de ahora Himno o himno de Andalucía.

3 Para más información sobre el andalucismo histórico consultar la bibliografía existente disponible en la web de la Fundación Blas Infante. https://fundacionblasinfante.org/bibliografia-sobre-el-andalucismo-historico-2022/

Uno de los ejes fundamentales de la investigación supone el arrojar luz en cuanto a la autoría de las partituras históricas que se conservan. Para ello, se ha realizado un riguroso estudio de las características de las partituras conservadas tanto de Blas Infante como de José del Castillo. En el caso de Infante, ha sido fundamental su archivo personal, para comparar la grafía, y lo recogido en su libro *Orígenes de lo flamenco y secretos del cante jondo*. En cuanto a José del Castillo, se ha tomado como referencia las composiciones que han llegado hasta nuestros días para su análisis y posterior comparativa con las partituras del Himno. Ha sido quizás uno de los retos más difíciles de la investigación al conservarse pocas partituras del maestro sevillano e incompletas, lo que ha dificultado mucho la comparativa. Se espera que los resultados obtenidos sean de utilidad dentro de la investigación académica y científica para estudiosos, músicos, artistas y cualquier persona interesada en la historia y la cultura de Andalucía.

La revisión documental y sonora de sus primeras grabaciones supone otro de los ejes fundamentales de la investigación. Uno de los hallazgos más importantes ha sido el descubrimiento de una grabación anterior a la realizada por Carlos Cano en los albores de la democracia, un hecho que nos muestra la importancia que tuvo este símbolo cuando apenas se conocían las reivindicaciones de Infante.

La carencia de la aprobación, por parte de la Junta de Andalucía, de una versión oficial ha provocado la aparición de distintas versiones, en diversos lugares de la geografía andaluza y fuera de ella. Es por ello que hemos creído conveniente recopilar las versiones desde dos vertientes. La primera, enfocada en versiones escritas para banda de música, ya que fue una banda de música quien interpretó por primera vez el Himno. La segunda está enfocada en las más significativas de todo tipo de estilos musicales. Esta recopilación pretende que sirva como punto de partida de futuras investigaciones que permitan concretar una versión común y oficial.

Por último, el presente trabajo, basado en la tesis doctoral titulada *El regionalismo andaluz en el siglo XX: estudio y análisis del himno de Andalucía*, calificada con sobresaliente *cum laude* por la Universidad de Castilla la Mancha, pretende contribuir a resaltar la importancia de los himnos regionales como elementos de identidad y cohesión social, sin olvidar su papel en la preservación y difusión del patrimonio cultural, así como un estímulo que permita articular futuras investigaciones sobre la música y la cultura andaluza.

No quisiera finalizar sin agradecer a todas las personas que han hecho posible que este trabajo vea hoy la luz. A Javier Delmás, presidente de la Fundación Blas Infante, por su amabilidad siempre que se le ha solicitado, a mis tutores de tesis, José Luis de la Fuente Charfolé y José Carlos Carmona Sarmiento, por su apoyo en todo momento, a los miembros del tribunal de tesis que tantas palabras de afecto me dedicaron y con tanto entusiasmo valoraron mi trabajo. A mi tío Fernando que me inyectó el veneno de la música, a mi querido Manolo Ruiz Romero siempre dispuesto a ayudar y aconsejar. A mis amigos, que nunca fallan pese a mis ausencias, a mi familia, sin ellos esto no hubiese sido posible, pilar fundamental para que el viaje llegara a puerto y a ti, estés donde estés, gracias por estar cerca.

CAPÍTULO I

EL REGIONALISMO EN EL SIGLO XX: CONTEXTO HISTÓRICO

1.1. La Asamblea de Córdoba (1933), germen del himno de Andalucía

El 14 de abril de 1931 es recordado por la proclamación de la Segunda República. Un mes después, el 7 de mayo, el andalucismo, desde la Junta Liberalista y con Blas Infante a la cabeza, hace un llamamiento a la Diputación Provincial de Sevilla para que coordinase a sus homónimas andaluzas e iniciara el camino que elaborase un proyecto de Estatuto andaluz. Este proyecto tuvo como primer texto para su discusión el *Proyecto de Gobierno Autonómico*[4], pero quedó paralizado a la espera de las disposiciones constitucionales sobre la cuestión territorial que no permitía el planteamiento federal que sí recogía el texto andaluz. Con la entrada en vigor de la Constitución de 1931 se dio la posibilidad de construir regiones autonómicas dentro del Estado dotando de un marco jurídico-político al andalucismo. La Asamblea de Córdoba

4 En dicho proyecto se recoge el deseo de descentralizar la economía y la parte administrativa además de solicitar el principio de autonomía para Andalucía.

supone una radiografía del limitado alcance del sentido andalucista, así como de la ausencia de debate territorial en las formaciones de la izquierda tradicional que cerraron filas con la derecha antirrepublicana en esa temática, convirtiéndose en la cita más representativa del proceso autonómico andaluz.

La Junta Liberalista solicitaría a todas las administraciones locales una reunión donde se pudiera sondear sus opiniones sobre el proyecto de redactar un Estatuto de Andalucía. A raíz de esta petición, la Comisión Gestora Provincial de Sevilla convocó el 6 de junio de 1931 a todos los municipios regionales en un acto celebrado en el salón de sesiones de la diputación en el que se produjo un intercambio de impresiones siendo muy favorables al proyecto de Estatuto. En el marco de dicha reunión, acordaron reunirse de nuevo para dar forma al posible Estatuto que sirviera de pauta más efectiva para su redacción nombrando para ello a personas destacadas de la Junta Liberalista. La aprobación de las bases del anteproyecto y su adaptación al formato constitucional se produce en un nuevo foro de diputaciones el 26 de febrero de 1932 en el marco del título I de la Constitución de 1931 con los votos favorables de los representantes de las provincias de Cádiz, Córdoba, Jaén, Huelva y Sevilla. Con la finalidad de la elaboración de un anteproyecto que se someta a la votación popular y antes de ser examinado en las Cortes se acuerda celebrar una asamblea regional en el mes de abril[5]. Es a partir de febrero cuando se discute entre municipios, diputados, entidades sociales y profesionales sobre el contenido del Estatuto y sobre los objetivos que debe conseguir la autonomía.

El Estatuto es, ante todo, un documento que pretende una descentralización de los poderes y las funciones del Estado. En el aspecto político se crea un «Cabildo Regional

5 Hernández, J. M. (1989). *Blas Infante y Andalucía.* Sevilla. Fundación Blas Infante, p. 299

Andaluz»[6] para definir los intereses de la región, en el aspecto económico se especifica el contenido y los medios de la fiscalidad regional y por último se establecen los derechos y los deberes de los andaluces, así como el reparto de las competencias entre el Cabildo Regional y el Gobierno central. Según Lacomba, el anteproyecto se trata de un trabajo difuso, poco elaborado y que carece de precisión y claridad[7]. Como hemos citado anteriormente, la cita andalucista quedó fijada para celebrarse en abril de 1932; sin embargo, fue aplazada al 8 y 15 de mayo de ese mismo año para después ser atrasada de nuevo, por parte de la comisión organizadora, al 29 de enero de 1933 con Córdoba como sede de la misma. El lugar elegido fue el Círculo de la Amistad, Liceo Artístico y Literario, instalado en el edificio de las Nieves. La elección del sitio no parece casualidad; primero porque Blas Infante tuvo programada una conferencia sobre «El Ideal Andaluz» en 1916, aunque acabó suspendiéndose a última hora, y segundo porque el presidente del Círculo participaba como representante de la Academia de Medicina de Córdoba.

La actitud de las distintas provincias andaluzas fue muy dispar. Málaga, aunque participa en el proyecto con su alcalde como representante, muestra indiferencia ante la cuestión autonómica al no considerarla fundamental. En Sevilla, Cádiz y Córdoba encontramos un apoyo numeroso a la idea autonomista y a la defensa de la necesidad de un Estatuto, pero existen voces opuestas que defienden la idea de federar las diputaciones, por un lado, y la defensa de la democracia municipal y regional, por otro. Granada, como ya se ha comentado anteriormente, rechaza el nacionalismo andaluz incluso tildándolo de unidad folclórica y ausente de sensibilidad entre la ciudadanía al entender que no existe

6 Estará formado por la asamblea regional, el consejo ejecutivo formado por los ocho presidentes y el presidente regional.

7 Lacomba, J. Antonio (1979). *Cuatro textos políticos andaluces (1883-1933)*. Granada. Universidad de Granada, p. 100

una conciencia nacional andaluza ni reúne las características diferenciales para construir una región autónoma, por lo que sus esfuerzos se centran en la defensa de un carácter centralizador con prevalencia de la unidad del territorio español considerando a los regionalismos como una forma de debilitar a la República. Jaén se muestra muy cercana a Granada, si bien adopta una postura más radical al reconocer que no tiene un sentimiento regionalista y considerar que las provincias andaluzas no están capacitadas para gobernar. Almería apuesta por la idea de la mancomunidad en las provincias orientales y por imponer su puerto marítimo como el más importante de Andalucía sustituyendo al de Málaga.

De cualquier forma, como viene demostrando la historiografía, no se trata de posiciones unánimes de carácter provincial. En muchos casos como venimos apuntando coinciden posiciones políticas antagónicas, de forma que sus posiciones críticas son ampliadas por una prensa no identificada con el proyecto. El mismo PSOE, partido mayoritario, dirá que es una aventura pequeño burguesa tangencial a los intereses de la clase obrera y del régimen republicano. No cabe duda el impulso de los liberalistas y la acogida que le presta Hermenegildo Casas, diputado del PSOE y presidente de la Diputación de Sevilla, como antiguo miembro del centro andaluz de Sevilla que había sido. No en vano acabará dimitiendo y abrazando en 1934 las filas del partido de Martínez Barrio, Unión Republicana.

Los andalucistas, por su parte, ponen de manifiesto la importancia de su historia de una forma más acentuada que cualquier otra región. Se proclaman internacionalistas por solidarios con todas las causas de la humanidad que sufre y persiguen la emancipación de la clase obrera al considerar que la libertad política se consigue en Estados pequeños, libres y autonómicos. Los republicanos federalistas ayudan en el avance del Estatuto al definirse como obreros en lo social y autonomistas en lo político concluyendo que un socialismo sin autonomía sería una de las grandes calamidades que se podrían cometer. Para los federalistas el espíritu liberal, el internacionalismo socialista y el federalismo republicano son cosas sinónimas a partir de la libertad individual como eje primero generatriz y vertebrador de los pueblos y la humanidad. En Sevilla, el Ateneo[8] redacta un informe a favor del Estatuto en el que se especifica que la idea política no está relacionada con un nacionalismo andaluz, sino más bien con un regionalismo andaluz, basando sus reivindicaciones en la eliminación tanto del centralismo como de las provincias, proponiendo como base la democracia municipal.

Una de las intervenciones más esperadas es la realizada por Blas Infante. El líder andalucista comienza mostrando su satisfacción por la celebración de la asamblea, a lo que sigue con la puesta en valor de la lucha andaluza por la autonomía y la necesidad de volver a estructurar la vida económica de la región. Infante propone la creación de una Junta Regionalista que sea la encargada de crear un cuerpo legal que gobierne Andalucía para resolver problemas del territorio como el paro obrero, la reforma agraria o instalar centros culturales con medios para controlar estos proyectos.

El anteproyecto aprobado en Córdoba consta de 31 artículos, 6 disposiciones transitorias y 2 declaraciones finales. Con el visto bueno de diferentes partidos políticos, o más bien, de algunos de sus miembros a título personal al participar en su redacción, el documento pide para Andalucía autonomía no separatista, con el fin de que pueda desarrollarse por sí misma lejos del centralismo imperante. La implantación territorial (3 artículos), las atribuciones del consejo regional (8 artículos), la autonomía municipal (1 artículo), las bases de los presupuestos regionales (13 artículos) y la

8 El Ateneo de Sevilla (llamada en un principio Ateneo y Sociedad de Excursiones) es una asociación cultural, científica y literaria donde se reúnen intelectuales de la sociedad sevillana. Fundada por Manuel Salas i Ferré en 1887, es una de las instituciones más antiguas de Sevilla, siendo a día de hoy la encargada de la Cabalgata de Reyes de la capital hispalense.

ciudadanía (2 artículos) son otras cuestiones tratadas en el anteproyecto andaluz. A lo largo del documento se pone de relieve las atribuciones y las funciones del poder regional, así como sus relaciones con el Gobierno central; sin embargo, en cuanto al aspecto político se articula en torno al Cabildo Regional. Estará compuesto por el presidente de la región, elegido por sufragio universal, con poder para nombrar y revocar a los miembros de las juntas ejecutivas, que desarrolla el poder ejecutivo de la región, y el Consejo Legislativo regional formado por los diputados de la región, que ejercerá el poder legislativo. Entre las competencias del Cabildo están la legislación en materia civil y administrativa regional, la organización de la administración de justicia a nivel de todas las jurisdicciones, excepto las reservadas al Estado, y una competencia sobre el conjunto de las actuaciones judiciales excepto en materia penal.

La comarca pasó a ser la división territorial de la región, garantizando la autonomía local, así como la posibilidad de que sean los propios municipios quienes se encarguen de la instalación de los servicios que dependen del poder central o regional. En el plano cultural el proyecto estatutario andaluz recoge la creación de una universidad hispanoamericana, un centro de estudios hispano-árabe, un centro de estudios superiores económicos, una facultad de bellas artes, escuelas de funcionarios y de especialización comercial y agrícola, escuelas de formación profesional, una universidad popular y un centro encargado de los archivos, bibliotecas y museos de la región como la conservación de los monumentos.

La llegada al poder de la derecha tras las elecciones de 1933 produjo un freno en las aspiraciones autonomistas andaluzas y en el resto de territorios. Este freno se alargará hasta las elecciones de 1936 con la llegada al poder del Frente Popular. Sin embargo, todas estas esperanzas por retomar la creación del Estatuto quedarán marginadas por completo con el golpe militar por parte del general Franco y los militares en julio de 1936, lo que provocó que desapareciese toda idea regionalista andaluza hasta pasados cuarenta años.

El foro cordobés supuso el nacimiento de la partitura del himno de Andalucía, en un folleto editado por la Junta Liberalista, el cual formaba parte de un cuadernillo entregado con el resto de la documentación a todos los participantes. Si bien, en un principio, se situó su aprobación en la Asamblea de Ronda de 1918 junto al escudo y la bandera, lo cierto y verdad es que no sería hasta dicha cita cordobesa cuando vería por primera vez la luz. En dicho folleto, no solo aparecía el Himno, sino que además se explicaba el significado de los símbolos andaluces. Al final de la partitura, escrita para piano, podía leerse el texto: «es obra de los campesinos andaluces quienes desde tiempo inmemorial la cantan durante la siega, la salida y puesta de sol, en parte de la cuenca del Guadalquivir; con letra que recuerda un himno primitivo al sol. (Registrada la música y la nueva letra, 1933)»[9].

A pesar del estreno, su repercusión en la prensa de la época pasó casi desapercibida. Diarios como *El Defensor de Granada* y *El Noticiero Gaditano* se hicieron eco del surgir de un nuevo símbolo para Andalucía en portada, reproduciendo la letra y el texto entregado, sin que ninguno de los dos diarios hiciera comentario alguno sobre el Himno. Para encontrar alguna referencia sobre la nueva composición musical en la prensa de la época hay que visitar las páginas del diario cordobés *El Sur* donde tilda al folleto sobre los símbolos como «libro de opereta»[10].

La Asamblea de Córdoba supuso uno de los momentos más importantes y álgidos del andalucismo histórico durante la Segunda República. A pesar de estar marcada por la tensión y el fracaso por no conseguir un Estatuto de Autonomía para Andalucía, fue la mayor concentración de asambleístas andaluces nunca antes celebrada. La aprobación del ante-

---

9 Cataño García, E. (2021). *La imagen de Blas Infante y del andalucismo en la prensa española de la Segunda República*. Sevilla. Tesis doctoral, Universidad de Sevilla, p. 281.

10 *Ibid.* p. 282.

proyecto de bases, a pesar de no ser todo lo ambicioso que Infante hubiese querido, supuso el germen de lo que tras la dictadura sería la autonomía andaluza.

1.2. Los autores: Blas Infante y José del Castillo

1.2.1.Blas Infante

Blas Infante Pérez de Vargas nace un 5 de julio de 1885 en Casares (Málaga) fruto del matrimonio del abogado Luis Infante Andrade y de doña Ginesa Pérez de Vargas y Romo. Dos años más tarde, en 1887, nace su único hermano, Ignacio. Casares era una población por aquella época condicionada por una agricultura atrasada y concentrada en manos de pocos propietarios, lo que había producido la aparición de una clase social jornalera que trabajaba de sol a sol con unas condiciones laborables casi inexistentes.

Entre 1896 y 1898, es alumno interno del Colegio de las Escuelas Pías de Jesús Nazareno de Archidona, en Málaga (hoy día instituto Luís Barahona de Soto)[11]. Es aquí donde cursa sus estudios de secundaria, siendo en este lugar donde tendría el primer contacto con el *Santo Dios* cuya melodía sería, años después, usada como base para el himno andaluz. Como recoge Enrique Iniesta en su libro *Blas Infante, toda su verdad*, era obligatorio cantar este himno religioso el día mensual de la comunión tal y como se reflejaba en el reglamento[12] de las Escuelas Pías[13]. Infante deja el colegio cursando su último curso de bachillerato por libre, vol-

11 Iniesta Coullaut-Valera, E. (2000). *Blas Infante, toda su verdad: 1885-1919.* Sevilla. Signatura Ed., vol. I, p. 33.

12 El reglamento general para los internados de Escuelas Pías estaba vigente en los colegios de Andalucía, ambas Castillas, Murcia y Galicia.

13 Iniesta Coullaut-Valera, E. (2000). *Blas Infante, toda su verdad (1885-1919*). Sevilla, Signatura Ed., vol. I, pp. 37-38.

viendo a Casares y trabajando como escribiente en el juzgado de su pueblo. Finalmente, consigue superar el examen para la obtención del grado de bachiller en el instituto Vicente Espiel de Málaga en 1902.

Entre 1904 y 1906, cursa la carrera de derecho en la Universidad de Granada donde también cursó los estudios de filosofía y letras. Esta estancia granadina supone una toma de contacto con todo lo que significó la capital nazarí en la historia de Andalucía y su relación con al-Ándalus. Su acceso al mundo laboral se produce en 1909 cuando aprueba las oposiciones para notario siendo su primer destino el sevillano pueblo de Cantillana, al que llega en 1910 con tan solo veinticinco años, en el que permanece hasta 1922. Su época en Cantillana está marcada por el desarrollo de su pensamiento político como así demuestra la publicación en 1915 de su libro *El ideal andaluz*[14]. Un año más tarde publica un ensayo sobre Joaquín Costa titulado *La obra de Costa*. Otras publicaciones como *La sociedad de las naciones* (1919), *Motamid, último rey de Sevilla* (1920), *Cuentos de animales* (1921) o *La dictadura pedagógica* (1921) fueron también escritos durante su estancia como notario en Cantillana.

Además de su actividad como escritor, se mostró muy activo e inquieto en aras de promover su pensamiento político, como así se demuestra en su participación en el congreso internacional georgista de 1913 celebrado en Ronda, en el cual defiende una posición georgista heterodoxa compatible con la existencia de un movimiento regionalista, lo cual, a la postre, le significará la ruptura con la línea más ortodoxa de ese movimiento. La primera etapa de Infante está centrada en encontrar respuestas a los graves problemas económicos que observa en los jornaleros andaluces. Además de su estrecha relación con Cantillana y en paralelo a ella, abre en Sevilla un despacho de abogados que le permite acercarse a las élites hispalenses a través del Ateneo

14 Infante Pérez, B. (1915). *El ideal andaluz*. Sevilla, Centro de Estudios Andaluces, edición de 2010.

de la ciudad, institución cultural que estaba dedicada a la formación de sectores preocupados por los problemas de Andalucía y a ofrecer respuestas alternativas. Esta inclusión dentro de la burguesía sevillana será el comienzo del proyecto político infantino cuya finalidad será cambiar las estructuras de poder, así como dar respuesta a los problemas sociales, culturales y económicos del territorio andaluz. Y lo que es más importante, hacerlo desde una posición crítica con el quehacer político caciquil imperante y buscando respuestas heterodoxas y rupturistas.

En 1916, funda los centros andaluces[15] usándolos como plataforma para sus pensamientos regionalistas articulándose en base a tres ejes: la reforma política, la reforma económica y la reforma municipal. Estos centros serán, desde diversos puntos de la región, el punto de partida desde donde difundir un novedoso discurso alternativo basado en una política más centrada en los problemas andaluces. Los centros reclaman el apoyo de la clase trabajadora para dar un cambio político, bajo una profunda reforma a partir de una corriente de pensamiento comprometida con Andalucía, sin olvidar el progreso de España siempre redimida desde sus regiones. En enero de 1918, participa en la primera asamblea andalucista celebrada en Ronda donde se denomina a Andalucía «país» y «nacionalidad», aprobando un programa político, económico y social, así como la creación de los símbolos de la bandera y el escudo. Se inicia a su vez un debate interno sobre un himno andaluz que no toma cuerpo hasta 1931.

En ese mismo año (1918), concurre a las elecciones por el distrito de Gaucín, al que pertenecía Casares y, a su vez, por Sevilla, con la candidatura de Democracia Andaluza. Con un programa basado en la solidaridad interregional y una concepción de España federal, se apuesta por un estilo de

15 Centros creados por Blas Infante para difundir el ideario regionalista andaluz. El primero de estos centros fue abierto en Sevilla, seguido por el de Córdoba.

patriotismo y ciudadanía distinto, identificado con ideas más progresistas y solidarias junto con una ruptura de posiciones más tradicionales que impedían, según Infante, el progreso. En enero de 1919, se celebra la asamblea regionalista de Córdoba donde Blas participa en la publicación de un manifiesto andalucista[16] que reclama la misma autonomía que Cataluña, una reforma agraria, la organización de España como una confederación o la independencia social y civil de la mujer entre otras cuestiones. Durante el transcurso de 1919, contrajo matrimonio con Angustias García Parias en el sevillano pueblo de Peñaflor, de donde ella natural, y donde Infante compaginaba sus tareas de notario, simultáneamente, con la población de Cantillana.

A partir de 1920, funda su propia editorial llamada Avante, donde comienza a publicar todas sus obras. En 1922 traslada su residencia a Madrid durante nueves meses, marchando por razón aún desconocida. Allí regenta un despacho de abogados y entra en contacto con personajes relevantes de la cultura como los hermanos y dramaturgos Álvarez Quintero o el escultor Lorenzo Coullaut Valera en la Casa de Andalucía de Madrid. En su regreso a Andalucía en octubre de 1922 permuta su plaza notarial a la localidad onubense de Isla Cristina donde ejerce como notario hasta 1931. Este nuevo destino supondrá para Infante un mayor tiempo de dedicación a su familia (nacen sus dos primeros hijos), la escritura, la lectura y la reflexión permanente. Instalado ya en Isla Cristina, vive los acontecimientos acaecidos en España que finalizan con la llegada al poder de Miguel Primo de Rivera en 1923 instaurando una dictadura durante ocho años, circunstancia que lo obliga a limitar su vida pública y a un largo silencio político. Un año más tarde, realiza una visita a Marruecos, concretamente a Rabat y la tumba del rey poeta Al-Motamid[17] en la localidad de Agmat, hecho que —a

16 Este manifiesto, llamado *Manifiesto de la Nacionalidad*, pone de relieve la necesidad de una Andalucía autónoma.

17 Al-Mutamid (1040-1095) fue rey de la taifa de Sevilla y último rey de la

su regreso— le haría cambiar su visión sobre el cante jondo. Como resultado de esta visita comienza a estudiar árabe y se adentra en un estudio histórico sobre el flamenco que da lugar a su libro *Orígenes de lo flamenco y secreto del Cante Jondo*[18].

Con la llegada de la Segunda República en 1931, cambia su residencia de Isla Cristina por el sevillano pueblo de Coria del Río, donde ejercerá como notario desde ese mismo año hasta la fecha de su asesinato en julio de 1936. En Coria del Río, retoma su actividad política de forma más clara fundando la Junta Liberalista, a semejanza de lo que ya hiciera en 1916 con los centros andaluces, cuya idea era unir a personas de distintas ideologías progresistas para conseguir una Andalucía libre a través de la redacción de un Estatuto andaluz. Para ello, toma contacto con el nacionalismo gallego y catalán y se rodea de diferentes personalidades de la sociedad de ideologías muy diferentes como el hermano de Francisco Franco, Ramón Franco, o el anarquista Pedro Vallina. Es en junio de ese mismo año (1931), cuando se presenta como diputado a las Cortes Constituyentes en la candidatura Republicana Revolucionaria Federal Andalucista bajo una propuesta renovadora en su acción y abiertamente alternativa por rupturista con la política convencional y con todo lo que fuese herencia de la dictadura primorriverista. Su candidatura provocó desconfianza en el seno de la coalición republicana-socialista, lo que supuso que el Gobierno inventase un supuesto levantamiento militar en la base aérea de Tablada de Sevilla. Este hecho hizo que Infante escribiera su libro *La verdad del complot de Tablada y el Estado libre de Andalucía* en 1931, donde pretende demostrar sus argumentos: los principios heterodoxos, profundamente republicanos y alternativos, fueron los que alertaron a las élites en su

dinastía abadí. Poeta y gran precursor de la cultura durante su reinado, su vida tiene una gran influencia en Blas Infante, como refleja el libro *Motamid, último rey de Sevilla*. El notario será además el impulsor de un reconocimiento público en la ciudad que le ve crecer: Silves.

18 Infante Pérez, B. (1980). *Orígenes de lo flamenco y secreto del Cante Jondo*. Sevilla, Junta de Andalucía. Consejería de Cultura.

laxo proceso de transición provocando su complicidad con los sectores antirrepublicanos que ya pulsaban la capacidad de continuidad de las estructuras de poder en este cambio de régimen.

En julio de 1931, participa en Sevilla en una asamblea entre las diferentes diputaciones andaluzas, quedando aprobadas las bases para el estatuto de autonomía en una nueva asamblea de diputaciones celebrada en febrero de 1932. La asamblea regionalista andaluza de 1933 celebrada en el Círculo de la Amistad de Córdoba sirvió para elaborar una propuesta de bases para el anteproyecto de Estatuto de Autonomía de Andalucía, a la vez que se marcan los tiempos en cuanto a la consulta del articulado del citado estatutario y de la campaña de difusión autonomista.

El resultado de las elecciones de 1936 supuso la llegada al Gobierno de formaciones de izquierdas agrupadas bajo el nombre de Frente Popular, acontecimiento que propició la solicitud por parte de la Junta Liberalista de retomar el impulso a favor de las bases estatutarias redactadas en Córdoba en 1933. Gracias a este nuevo impulso autonomista se celebra una nueva asamblea en julio de 1936 en Sevilla donde se acuerda retomar el texto elaborado en Córdoba. En esta asamblea hispalense, Infante es nombrado presidente de honor del organismo Acción pro Estatuto[19], como comisión delegada de dirigir el proceso en atención al procedimiento constitucional en reconocimiento a sus esfuerzos por lograr la autonomía. La sublevación militar por parte del bando nacional provoca el arresto de Infante el 2 de agosto de 1936 en su casa de Coria del Río y el trasladado al cuartel que Falange tenía instalado en la calle Trajano de Sevilla. Una vez en el cine Jauregui convertido en prisión por los golpistas el 10 de agosto de 1936, Infante, junto a otras

19 Esta asamblea es celebrada en la sede de la diputación provincial de Sevilla, donde se acuerda la celebración de una nueva asamblea en septiembre en la que se presentaría el proyecto de Estatuto de Andalucía que sería presentado a las Cortes.

autoridades republicanas, es trasladado al kilómetro cuatro de la carretera de Carmona, donde sería fusilado. Los restos de Infante —presumiblemente— fueron a parar a una fosa común del cementerio de San Fernando de Sevilla, donde allí descansa en la actualidad.

El vigente Estatuto de Autonomía recoge en su preámbulo un homenaje a la vocación de la Junta Liberalista liderada por Infante por la consecución del autogobierno, por alcanzar una Andalucía libre y solidaria en el marco de la unidad de los pueblos de España y por reivindicar el derecho a la autonomía y la posibilidad soberana de decidir su futuro.

1.2.2. José del Castillo Díaz (1889-1955)

Hablar de Castillo Díaz es citar a uno de los grandes desconocidos de la cultura musical sevillana del siglo XX quien, poco a poco, está recuperando el lugar que le pertenece en base a su importante figura. De carácter liberal y humanista cuenta a día de hoy con una plaza rotulada[20] con su nombre en Sevilla y ha sido objeto de varios homenajes como el que tuvo lugar en los Reales Alcázares en el año 2005.

Su nacimiento se produce el 17 de marzo de 1889 en el número 47 de la céntrica calle Amor de Dios de Sevilla siendo hijo de Fernando Del Castillo Pastor y Enriqueta Díaz Pérez. De familia de clase media, comienza sus estudios musicales de forma autodidacta entre los muros del Asilo de la Mendicidad de San Fernando al entrar en contacto con la banda de música que allí se encontraba[21], siendo sus profesores Manuel Font Fernández[22] y Eduardo Torres Pérez[23]. Más

20 Situada entre los barrios de la Macarena y San Julián.

21 Iglesias Blandón, J., Rodríguez Grimaldi, F. J., Tovar Florencio, F. J. (2009). *La otra cara del andalucismo.* Sevilla, Reportaje de investigación, Universidad de Sevilla, p. 4.

22 Músico malagueño, aunque pasó gran parte de su vida en Sevilla. Font Fernández es uno de los impulsores de la actual Banda Municipal de Sevilla, de la que fue director hasta su jubilación en diciembre de 1933

23 Maestro de capilla de la Catedral de Sevilla desde 1910 hasta su

tarde, inicia en Córdoba sus estudios en el Conservatorio Oficial de Música en los que se especializa en solfeo, piano, armonía, historia de la música y acompañamiento.

En 1907, a los 18 años de edad, dirige la orquesta de espectáculos de Vicente Lloréns Asencio, puesto que ocupará hasta 1926. Durante la dictadura de Primo de Rivera (1923-1930), adquiere cierta fama en Sevilla, al trabajar como orquestador en algunas emisoras radiofónicas como EAJ-5 Radio Club Sevillano y EAJ-7 Radio Sevilla[24]. Es en esos años cuando se produce su matrimonio con doña Ana Romero Díaz y Liaño, situando la residencia conyugal en el número 170 de la calle Feria.

A finales de la década de 1930, José del Castillo consigue por oposición la plaza de director de la Banda de Música del Hospicio Provincial[25] dependiente de la Diputación Provincial de Sevilla. Gracias a ello, su reputación musical aumenta rápidamente como muestra la noticia aparecida en el diario *La Unión* en marzo de 1929[26], cuando solo llevaba un año en el cargo, o la aparecida dos días más tarde en el periódico *El Noticiario Sevillano*[27], en el cual se ensalza su labor como director y se le felicita por su brillante labor al frente de la banda del hospicio. Coincidiendo con el inicio de la Segunda República (1931), accede a la presidencia de la sección de música del Ateneo de Sevilla, cargo que ocupará hasta 1934. En 1932, compaginando ambos cargos, preside la sección musical del Centro de Estudios Andaluces impulsado por el también andalucista Alfonso Lasso de la Vega como primer alcalde del monumento regio una vez es

---

fallecimiento en 1934.

24 Iglesias Blandón, J., Rodríguez Grimaldi, F. J., Tovar Florencio, F. J. (2009). *La otra cara del andalucismo.* Sevilla, Reportaje de investigación, Universidad de Sevilla, p. 5.

25 Germen de lo que sería posteriormente la Banda Municipal de Sevilla. Aquí conoce a Manuel Font Fernández de la Herranz.

26 Iglesias Blandón, J., Rodríguez Grimaldi, F. J., Tovar Florencio, F. J. (2009). *La otra cara del andalucismo.* Sevilla, Reportaje de investigación, Universidad de Sevilla, p. 5.

27 *Ibid.* p. 5.

cedido a su Ayuntamiento[28], dirigiendo además la orquesta sinfónica del propio centro en varios conciertos. Es aquí, en el Centro de Estudios Andaluces, donde Ruiz-Berdejo Gutiérrez sitúa el inicio de la relación entre José del Castillo y Blas Infante[29].

Un año más tarde, en 1933, Manuel Font Fernández de la Herranz decide jubilarse del puesto de director de la Banda Municipal de Música de Sevilla, el cual llevaba ocupando más de treinta años. Para cubrir la plaza vacante el Ayuntamiento de Sevilla decide sacar a oposición la plaza de director siendo José del Castillo la única persona que se presenta al proceso selectivo. Sin embargo, y a pesar de ser el único aspirante, el proceso no estuvo exento de polémica tal y como se recoge en el libro escrito por Manuel Carmona Rodríguez *Semblanza histórica de la Banda Municipal de Sevilla*[30]. La primera de las polémicas se produjo tras la publicación de las bases de la convocatoria, al entender la Asociación de Directores de Bandas de Música Provinciales, Municipales, de Mancomunidades y Cabildos Insulares, con su presidente Ricardo Villa a la cabeza, que no eran ajustadas a derecho al entender que algunos de sus apartados eran anticonstitucionales. La segunda de las polémicas vino relacionada con el jurado elegido para resolver el proceso. Las personas designadas fueron Eduardo Torres Pérez, maestro

28 Al respecto: Hijano del Río, M. y Ruiz Romero, M., 1995. Alfonso Lasso de la Vega (1898-1977). Datos para la reconstrucción del Andalucismo en el exilio, en *Actas del VI Congreso sobre el Andalucismo Histórico*. Editado por Fundación Blas Infante, pp. 359-378; - *Sevilla en el recuerdo. Alfonso Lasso de la Vega (1898-1977): una vida dedicada a la cultura andaluza*, Sevilla, Centro de Estudios Históricos de Andalucía, 1995; así como: Ruiz Romero, M., «Un palacio para el pueblo. La gestión de Alfonso Lasso de la Vega en el Alcázar de Sevilla, en *Los conservadores municipales del Real Alcázar*, Sevilla, Patronato del Real Alcázar, 2003, pp. 9-48.

29 Ruiz-Berdejo Gutiérrez, P. (2008). Historia comparada del himno de Andalucía para su entronque definitivo en su Estatuto de Autonomía. En *XII Congreso sobre el Andalucismo Histórico*, editado por Pedro Ruiz Berdejo, p. 233, Sevilla, Fundación Blas Infante.

30 Carmona Rodríguez, M. (1998). *Semblanza histórica de la banda municipal de Sevilla*. Castilleja de la Cuesta, Sevilla; J. J. C. R., pp. 75-86.

de capilla de la Catedral de Sevilla y profesor de música del hospicio provincial, Cándido Gómez Muñoa, director de la Banda de Música del «Soria 9», y Manuel Font Fernández, director saliente de la Banda Municipal de Sevilla. José del Castillo y Eduardo Torres fueron alumno y profesor en el hospicio provincial, manteniendo una buena relación entre ambos, lo que dio lugar a cierta rumorología en cuanto a la ayuda que pudo prestar Torres a Castillo para conseguir su plaza como director de la banda. En el caso de Manuel Font Fernández, decide renunciar a su puesto en el jurado siendo sustituido por Emilio Ramírez Valiente, profesor de música de la Escuela Normal de Sevilla.

Metidos de lleno en el proceso, hay que destacar el duro informe que realizó Cándido Gómez Muñoa, único director de banda del jurado, en referencia a los ejercicios realizada por José del Castillo, considerándolo no apto para el puesto tal y como se desprende en la sesión del jurado celebrada el 29 de abril de 1933 recogida en el libro de Rodríguez Carmona[31]. A pesar de ello, el resto de miembros del jurado votaron a favor de Castillo elevando la propuesta al Ayuntamiento, el cual en sesión plenaria celebrada el 13 de mayo de 1933, tras un extenso debate entre los componentes de la corporación municipal, decide proclamar como director a José del Castillo Díaz.

En 1935 solicita dejar su puesto de director de la banda para ocupar la plaza de profesor de música que Eduardo Torres Pérez había dejado libre al fallecer un año antes, amparándose en el artículo 108 del Regimiento de Servicios y Funcionarios, vigente en esos momentos. Sustituido temporalmente por Manuel Higuera López hasta la llegada de Pedro Braña[32] en 1945, Del Castillo no fue cesado de su puesto de forma inmediata entre otros motivos por su con-

31 Carmona Rodríguez, M. (1998). *Semblanza histórica de la banda municipal de Sevilla*. Castilleja de la Cuesta, Sevilla; J. J. C. R., pp. 81-82.

32 Músico asturiano (1902-1995) director de la Banda Municipal de Sevilla desde 1944 hasta su jubilación en 1972.

dición de funcionario y por la amistad que conservaba con personas importantes de la sociedad sevillana.

Con el inicio de la guerra civil española (1936-1939) comienza el principio de su declive. El periodo de guerra viene marcado por una merma importante en su vida personal y profesional siendo sometido a constantes humillaciones por sus ideas republicanas y masónicas. Según Ruiz-Berdejo Gutiérrez, en la Semana Santa de 1939 mientras desfilaba con la banda por la calle Tetuán y pasaba por el Ateneo, algunos socios de dicha entidad, de ideología franquista, salían y le gritaban «¡Anda, rojo, toca ahora la Internacional!»[33]. En ese mismo año, es denunciado por la propia banda municipal aludiendo «odios profesionales, resentimientos ideológicos y sociales, envidias y afanes vengativos».

Como consecuencia de esta denuncia y como se recoge en el acta de la sesión plenaria de 8 de septiembre de 1939 «se le otorga separación del cargo con pérdida de todos los derechos, exceptos los pasivos. Inhabilitación para el desempeño de puestos de confianza, apercibimiento con constancia en su expediente personal y designación de un nuevo juez, para conocimiento de sentencia en procedimientos judiciales a que ha estado sometido»[34].

Con el final de la guerra y con una merma importante en sus ingresos decide poner rumbo a Madrid. Allí es detenido al poco tiempo de llegar a la capital por el mandato del Tribunal de Represión de la Masonería[35]. El 5 agosto de 1940 en plena persecución política, antes de partir a la capital y por consejo de su esposa, Del Castillo solicita declarar bajo juramento en la Vicaria General del Arzobispado de Sevilla abjurando de pertenecer a secta masónica alguna. El pro-

---

33 Iglesias Blandón, J., Rodríguez Grimaldi, F. J., Tovar Florencio, F. J. (2009). *La otra cara del andalucismo.* Sevilla, Reportaje de investigación, Universidad de Sevilla, pp. 7-8.

34 *Ibid.* p. 8.

35 Tribunal que nace en 1940 con la Ley para la Represión de la Masonería y el Comunismo, existió durante la dictadura y fue el encargado de llevar a cabo la represión en época franquista.

ceso finaliza el 10 de agosto de 1940 con la firma por parte del músico sevillano de un documento en el que confiesa «haber errado gravemente por haber ingresado en la secta masónica» y reconociendo, en relación con la Iglesia católica, «creer todos los artículos que ella me propone como fe; repruebo y condeno todo lo que ella reprueba y condena y estoy dispuesto a observar todo lo que ella me mande»[36].

A pesar de ello, es condenado en primera instancia a doce años y un día de prisión menor siendo reducida posteriormente a seis años y un día de prisión mayor, ingresando en la prisión de Burgos el 12 de diciembre de 1942. Durante su estancia en prisión, crea una compañía de música y teatro junto al actor Manuel Dicenta[37], el cual se encontraba también encarcelado por motivos políticos. Su excarcelación se produce en octubre de 1943 cuando tan solo llevaba diez meses y veinte días de condena. Este hecho era común en la época debido al elevado número de presos que se encontraban en las cárceles españolas.

Una vez puesto en libertad, se establece en Granada donde trabaja como músico de la orquesta de un café de la ciudad hasta su regreso a Sevilla a mediados de los años cuarenta. Además de trabajar como pianista, abre una academia de música gracias a la cual subsiste a duras penas con la ayuda de familiares y amigos hasta su fallecimiento, por un cáncer, el 15 de mayo de 1955.

36 Iglesias Blandón, J., Rodríguez Grimaldi, F. J., Tovar Florencio, F. J. (2009). *La otra cara del andalucismo.* Sevilla, Reportaje de investigación, Universidad de Sevilla, p. 10.

37 Manuel Dicenta (1905-1974) fue un actor de cine, teatro y televisión. Dedicó gran parte de su vida a la docencia ocupando el puesto de catedrático de declamación en la Real Escuela Superior de Arte Dramático de Madrid desde 1961 hasta 1970.

CAPÍTULO II

El HIMNO DE ANDALUCÍA HASTA LA GUERRA CIVIL ESPAÑOLA

2.1. El Cristo de la Agonía, el *Santo Dios* y el himno de Andalucía

Es por todos conocido que Infante se basó en la melodía del canto religioso del *Santo Dios* que él conocía desde niño cuando estudió en el internado del colegio de los Escolapios de Archidona (Málaga) y que después, siendo ya notario en Cantillana[38], volvió a escuchar en la voz de los jornaleros. Fue allí, donde tuvo la idea de usar la música del *Santo Dios* para crear el himno de Andalucía como así dejó recogido en las páginas de su libro *Orígenes de lo flamenco y secreto del cante jondo*[39]. El *Santo Dios* se cantaba reglamentariamente en los Escolapios, junto con la *Salve*, al finalizar la misa mensual donde era obligatorio que todos los alumnos confesasen y comulgasen. El órgano y la partitura del desaparecido colegio de Archidona se conservan restaurados en el colegio de los Escolapios de la capital granadina y, aunque el estribillo

38 Ocupó la notaría de Cantillana desde 1910 hasta 1923.

39 Infante Pérez, B. (1980). *Orígenes de lo flamenco y secreto del cante jondo.* Sevilla, Junta de Andalucía. Consejería de Cultura, pp. 104-105.

es el mismo que el que se canta en Cantillana, su texto es diferente; este dice así:

Estribillo
Santo Dios,
Santo fuerte,
Santo inmortal,
Líbranos, Señor,
De todo mal. [...][40]

El *Santo Dios* que Infante escuchó en Cantillana en la voz de los jornaleros le recordó aquel que cantaban de niño, pero ya se había despertado su conciencia social, le caló hondo y lo hizo más suyo. Texto y estribillo dicen así:

Santo Dios, Santo fuerte
Santo inmortal, líbranos, Señor de todo mal.
Los pecadores pedimos al señor, continuamente,
Y por eso le decimos: Santo Dios y Santo fuerte.
Santo Dios con dolor de nuestro pecho le pedimos al Señor,
Que seamos perdonados en el tribunal de Dios. Santo Dios [...][41]

Según Iniesta, el *Santo Dios* es un himno en honor a la Santísima Trinidad[42] de autor desconocido. Es una de las variantes que existen en las liturgias católicas, protestantes trinitarias y ortodoxas de los llamados trisagios, en los que se repiten tres veces la palabra santo. Con letras mayúsculas en latín, aparece en cornisas de diferentes edificios, no necesariamente religiosos. Esto se puede observar en el palacio de Benamejí de Écija, tanto en la cornisa de su fachada principal como en sus torres miradores, y en el convento de Santa Clara de Carmona, donde aparece la siguiente inscripción:

---

40 Iniesta Coullaut-Valera, E. (2000). *Blas Infante, toda su verdad. Volumen I, 1885-1919.* Sevilla, Signatura Ediciones, p. 37.

41 *Ibid.* p. 303.

42 Creencia religiosa que afirma que Dios es un ser único en tres personas distintas: Padre, Hijo y Espíritu Santo.

«Alabada sea la santísima Trinidad, Santo Dios Santo fuerte Santo inmortal líbranos de todo mal y pecado terreno (año 1707)».

Enrique Iniesta recoge en su libro biográfico sobre Blas Infante los usos del himno religioso en el contexto de los campesinos, descritos por Luis León Domínguez, en su libro *Cuentos populares y anecdóticos, notas de jácara, tipos, cuadros y escenas de la vida andaluza*:

«Por un estrecho sendero, avanza hacia el sembrado una cuadrilla de jornaleros. Entonces, el capataz descubre solamente su cabeza, cual si hubiera entrado en un templo, y, grave y sereno, entona un cántico religioso, sencillo y popular: "Santo Dios, Santo Fuerte, Santo Inmortal"»[43].

Los primeros vestigios acerca del origen del *Santo Dios* comienzan en el convento de San Francisco del Monte de Villaverde del Río, fundado en 1401, en cuya iglesia había un santo crucifijo antiguo y muy devoto. Esta imagen permaneció allí hasta el año 1771, año en el que se clausuró este convento y se trasladó al interior de la vecina localidad de Cantillana, a lo que hasta entonces había sido enfermería. Al mudarse de lugar, se lo llevaron todo y este crucifijo es conocido, desde entonces, como Cristo de la Agonía, al que, según testimonio de José Díaz Hidalgo, monaguillo y sacristán de Cantillana desde el año 1950, siempre se le ha cantado el *Santo Dios*.

En el año 1944, a petición de los agricultores, la imagen del Señor fue llevada de noche, con el alumbrado público cortado, a la iglesia en rogativa para pedir lluvias a hombros de los jornaleros entonando el *Santo Dios*. Dentro de estas tradiciones de los traslados a la parroquia, durante el canto de las doce del mediodía, cuando los jornaleros paraban de trabajar, presumimos que pudo ser el momento donde Blas Infante escuchase el *Santo Dios*. Hay que recordar que la notaría de Infante se encontraba en un extremo del pueblo,

43 Iniesta Coullaut-Valera, E. (2000). *Blas Infante, toda su verdad. Volumen I, 1885-1919*. Sevilla, Signatura ediciones, p. 38.

frente a la iglesia parroquial, en el número 14 de la actual calle Severo Ochoa de la localidad sevillana de Cantillana, muy cerca de la salida del pueblo, que daba a la barca puente que cruzaba el Guadalquivir, por donde salían muchos jornaleros para ir a trabajar.

Como queda puesto de relieve, existe una relación directa entre el Cristo de la Agonía, el *Santo Dios* y el himno de Andalucía. La imagen se encuentra hoy en la ermita de la Soledad, patrona de Cantillana. Creado sobre mediados del siglo XVI, ha sufrido algunas restauraciones durante el transcurso del siglo XX como una nueva policromía o la sustitución del sudario textil por un paño de pureza. La imagen del Cristo solo sale en procesión por las calles para pedir lluvias en época de sequías según el acuerdo reflejado en el acta de la reunión celebrada en 1944 en el seno de la Hermandad de la Soledad de la misma localidad. Otros autores, como el periodista Martín Laínez, sitúan el origen del *Santo Dios* en los cantos de agradecimiento que los trabajadores del campo de Cantillana realizaban a la Virgen de la Soledad como agradecimiento por la cosecha en la conocida como «misa de las espigas», cuya texto fue descubierto por el poeta marchenero Jesús Solano[44].

2.2.Partituras históricas del himno de Andalucía: estudio comparado

2.2.1. Datación

Para los músicos, la partitura es la puerta de entrada a la interpretación haciendo de guía para transmitir todo aquello que el compositor siente, vive y expresa a través de sus

44 Laínez, M. (29 de abril de 2013). ¿Es una copia el himno de Andalucía? *ABC de Andalucía.* https://www.abc.es/espana/andalucia/20130429/sevi-himno-andalucia-plagio-201304281809.html

obras. En el caso del himno de Andalucía hablamos de una creación con un gran contenido simbólico, no solo por ser representativo de una tierra con tanta relevancia histórica como Andalucía, sino por lo que representó y representa en la actualidad a nivel político, social y sentimental. En cuanto a las partituras que se conservan del mismo, existe una gran confusión debido a que se reconocen como originales algunas que no lo son. Es por ello que intentaremos situar cronológicamente, por orden de descubrimiento, cuándo aparece cada una para, posteriormente, aproximarnos al momento en el que pudieron ser concebidas[45].

La primera partitura del Himno, atribuida a José del Castillo, aparece en un artículo, escrito por Emilio Lemos Ortega, publicado en *El Correo de Andalucía* en 1977, bajo el título «Estos son el escudo y el himno de Andalucía»[46]. Según el musicólogo Miguel Arnaiz Molina, la partitura publicada por Lemos Ortega llama la atención por su caligrafía insegura y poca fluida, como si estuviera escrita por un aficionado y no por un músico profesional como era José del Castillo[47]. Dos años más tarde, en 1979, Fernando Gelán publica en *ABC* dos entrevistas que nos aportan datos muy importantes sobre su aparición. La primera de ellas, realizada al entonces director de la Banda Municipal de Sevilla, José Albero Francés, relata que a él le fue entregada una fotocopia de la partitura del himno a piano a través del excapitular José García Díaz[48]. La segunda de las entrevistas fue

45 Como veremos más adelante, todas las partituras históricas fueron redescubiertas tras la dictadura; sin embargo, el hecho de que haya sido incluido en el segundo capítulo de la tesis es porque fueron escritas antes de la Guerra Civil.

46 Lemos Ortega, Emilio (15 de febrero de 1977). Estos son el escudo y el himno de Andalucía. *El Correo de Andalucía*, p. 12.

47 Arnaiz Molina, M. (2018). *Una historia del himno de Andalucía: de Blas Infante a Rocío Jurado.* Madrid, Trabajo fin de grado en Musicología, Universidad Complutense de Madrid, p. 14.

48 Gelán, F. (26 de agosto de 1979). Polémica sobre el himno de Andalucía. *ABC de Sevilla*, p. 13. https://www.abc.es/archivo/periodicos/abc-sevilla-19790826-19.html

realizada a una de las hijas de Blas Infante, concretamente a María de los Ángeles Infante. En dicha entrevista, aporta datos que creemos resultan importantes en cuanto al estudio del caso que nos ocupa.

Según María de los Ángeles Infante, entregó al excapitular José García Díaz una fotocopia de la partitura del Himno[49] escrita en 1918[50]:

Figura 1: partitura del Himno entregada por María de los Ángeles Infante al excapitular José García Díaz. *El Correo de Andalucía*[51].

Continuando con la entrevista, María de los Ángeles señala que su hermana María Luisa encontró entre las páginas del libro *Ideal Andaluz*, un pequeño libro editado que

49 Esta es la partitura publicada por Emilio Lemos en 1977.

50 La creencia de que fue escrita en 1918 ha sido desmontada por diferentes historiadores, como Enrique Iniesta en su libro *Blas Infante, toda su verdad*, o Manuel Ruiz Romero en su libro *Andalucismo histórico. Orígenes y evolución en tiempos de Blas Infante.*

51 A partir de ahora H-v.1977.

contenía la partitura original[52] del Himno[53]. María de los Ángeles confunde el libro *Andalucía desconocida,* libro donde aparece la partitura, con *El ideal andaluz.*

Figura 2: partitura impresa en el libro *Andalucía desconocida* encontrada por María Luisa Infante[54].

Si analizamos las palabras de la hija de Infante, podemos sacar algunas conclusiones. La primera de ellas es que parece evidente que la partitura que llega al maestro Albero

---

52 A partir de ahora H-v.1979.

53 Gelán, F. (26 de agosto de 1979). «Polémica sobre el himno de Andalucía», *ABC de Sevilla,* p. 13. https://www.abc.es/archivo/periodicos/abc-sevilla-19790826-19.html

54 Infante Pérez, B. (1934). *Andalucía desconocida.* Sevilla, Publicaciones de la Junta Liberalista, p. 16.

es H-v.1977, entregada por la propia María de los Ángeles al exconcejal José García y este, a su vez, a José Albero. Otra de las conclusiones que podemos sacar es que H-v.1977 y H-v.1979 no son la misma partitura. María de los Ángeles, cuando habla de la que ella entrega, la nombra como «una partitura de 1918»; sin embargo, cuando habla de la partitura que ha encontrado su hermana, se refiere a ella como la «partitura original». Por otra parte, a pesar de que no podemos ofrecer una fecha concreta, sí podemos acotar en el tiempo la entrega de la partitura. José García ocupó el cargo en el Ayuntamiento de Sevilla entre 1970 y 1979. Si tenemos en cuenta que el franquismo no acaba hasta 1975 y la primera vez que se publica fue en 1977, la hipótesis más plausible es que la entrega de la partitura debió ocurrir entre 1975 y 1977. Por último, por las palabras de la hija de Infante parece que H-v.1977 fue descubierta y compuesta antes que H-v.1979.

La primera referencia normativa respecto al himno tras la dictadura, la encontramos en el Estatuto de Autonomía de Andalucía de 1981[55]. En su artículo 6.2. recoge lo siguiente:

«Andalucía tiene himno y escudo propios, que serán aprobados definitivamente por Ley del Parlamento Andaluz, teniendo en cuenta los acuerdos dictados sobre tales extremos por la Asamblea de Ronda de 1918».

En respuesta a lo recogido en el Estatuto andaluz, aparece, un años más tarde, la tercera partitura histórica del Himno[56], publicada en el BOJA[57] (Boletín Oficial de la Junta de Andalucía) y en el BOE[58] (Boletín Oficial del Estado) como transcripción del original de José del Castillo; sin embargo, no coincide con ninguna de las dos versiones anteriores, más bien parece un «popurrí» de una y otra.

55 Ley Orgánica 6/1981 de 30 de diciembre, de Estatuto de Andalucía.
56 A partir de ahora H-v.1982.
57 BOJA n.º 1 de 4 de enero de 1983.
58 BOE Ley 3/1982 de 21 de diciembre.

Figura 3: partitura del himno de Andalucía publicada en el BOJA.

La cuarta partitura del Himno[59] es descubierta en los años 90 por los historiadores Manuel Hijano del Río y Manuel Ruiz Romero en los Archivos de la Diputación Provincial de Sevilla. Su descubrimiento supone todo un hito al rescatar el díptico original que la Junta Liberalista distribuyó en la Asamblea de Córdoba de 1933, con la partitura del himno andaluz[60].

59 A partir de ahora H-v.1990.

60 Esta partitura es idéntica a la encontrada por María Luisa Infante en el libro editado que se encontraba entre las páginas del libro *Andalucía desconocida*.

LOS SIMBOLOS ANDALUCES

La bandera blanca y verde fué elegida, para Andalucía, por la Asamblea Andalucista de Ronda, 1918, porque sus colores eran los más apropiados para representar la Empresa de la restauración de un Pueblo, nunca bélico, y, siempre creador de culturas originales, directoras de la Humanidad, como lo fué Andalucía. La bandera blanca y verde ondeó por primera vez desde la Giralda de Sevilla, hacia el año 1198; simbolizando la unión de las provincias andaluzas de allende y aquende el Estrecho. Ultimamente fué alzada por el caballero morisco almeriense, Tahir al hor (El Halcón) asesinado entre Estepona y Marbella, año 1642. Por cierto, que es coincidencia curiosa la de que, al cabo de tres siglos, volviera a ser enarbolada, por primera vez, durante nuestro Siglo XX, por las mujeres campesinas de Casares, pueblo de la serranía de Ronda, sobre el mar; próximo al lugar donde murió Tahir.

La mencionada Asamblea de Ronda, para acordar el escudo de Andalucía, se inspiró en el de Cádiz, cabecera de nuestro Pueblo, después de Tartesos, en los tiempos primitivos; símbolo también adecuado para la expresada obra de restaurar un País, siempre cultural; figurando un Hércules juvenil, expresión de la fuerza eternamente joven del Espíritu, domando o coordinando la fuerza instintiva de los estímulos animales, representada por dos leones; e inscribiendo al pie del Escudo, esta leyenda:
"Andalucía, por sí, para España y la Humanidad".

LETRA DEL HIMNO DE ANDALUCÍA

La bandera blanca y verde
Vuelve tras siglos de guerra
A decir Paz y Esperanza
Bajo el sol de nuestra tierra.

Los Andaluces queremos
Volver a ser lo que fuimos
Hombres de luz, que, a los hombres
Alma de hombres les dimos.

(Estribillo)

¡Andaluces, levantaos!
¡Pedid tierra y libertad!
Sean por Andalucía libre,
España y la Humanidad.

HIMNO DE ANDALUCÍA

El himno de Andalucía es obra; la música de los campesinos andaluces quienes desde tiempo inmemorial la cantan durante la siega, a la salida y puesta del Sol, en parte de la cuenca del Guadalquivir; con letra que recuerde un himno primitivo al Sol.

(Registrada la música y la nueva letra, 1933)

EDICIONES DE LA JUNTA LIBERALISTA

Figura 4: díptico entregado por la Junta Liberalista en la Asamblea de Córdoba de 1933, recuperado por los historiadores Manuel Hijano del Río y Manuel Ruiz Romero. Archivo de la Diputación Provincial de Sevilla.

Ya hemos mencionado que la Ley 3/1982 publica la partitura referenciada como H-v.1982. La reforma del Estatuto de Autonomía de Andalucía, aprobado en 2007, redacta en su artículo 3.3. lo siguiente:

> «3.3. Andalucía tiene himno propio, aprobado por ley de su Parlamento, de acuerdo con lo publicado por la Junta Liberalista de Andalucía en 1933».

La Junta en 1982 publica la partitura H-v.1982; sin embargo, en 2007, se refiere a la partitura referenciada como H-v.1990. No sabemos si se trata de una confusión al redactar la norma o si, para la junta, ambas partituras son la misma. Las diferencias entre una partitura y otra las estudiaremos más en profundidad en el epígrafe siguiente. En este punto conviene citar la partitura publicada en el libro *Poesies. Hispàniques-Internacionals, íntimes* escrito por Cases-Carbó en 1936. Esta partitura es exactamente igual a H-v.1979 y H-v.1990 por lo que no nos pararemos en ella[61]. A modo de resumen y para una mejor comprensión, planteamos una cronología acerca de la aparición de las diferentes composiciones históricas del himno de Andalucía:

1. 1977: aparece publicada la primera partitura del himno en *El Correo de Andalucía*. No se hace mención de ninguna otra partitura.
2. 1979: María de los Ángeles Infante afirma en una entrevista publicada en *ABC* que su hermana María Luisa encontró una partitura original en un pequeño libro que se encontraba entre las páginas del libro *Ideal andaluz*.
3. 1981: se aprueba el primer Estatuto de Autonomía de Andalucía en el que, en su artículo 6, se reconoce que Andalucía tiene himno propio y se habla sobre una futura ley en la que se aprobará el Himno.
4. 1983: se publica una partitura del Himno atribuida a José del Castillo en la Ley 3/1982 de 21 de diciembre.
5. 1990: los investigadores Manuel Hijano del Río y Manuel Ruiz Romero descubren el díptico distribuido por la Junta Liberalista en la Asamblea de Córdoba (1933) con la partitura del Himno.
6. 2007: se aprueba la reforma del Estatuto de Autonomía de Andalucía donde se cita como himno de Andalucía en su artículo 3.3. el publicado por la Junta Liberalista en 1933.

2.2.2. Aproximación comparada a los contenidos

Una vez situadas cronológicamente cada una de las partituras entraremos de lleno en la comparativa entre ellas, comenzando primeramente por elementos comunes a todas ellas. Si las analizamos con detenimiento encontramos varios factores que llaman la atención. El primero de ellos es la tona-

61 Cases-Carbó, J. (1936). *Poesies. Hispàniques-Internacional, íntimes*. Barcelona, Lliberia Catalònia, p. 81.

lidad en la que está escrita. Como ya hemos citado anteriormente, Blas Infante deja recogido que escuchó la melodía en el tono de do mayor modulando al tono de sol mayor[62]; sin embargo, todas las partituras del Himno que se conservan están escritas en mi bemol mayor. Infante comenzó a estudiar piano sobre el año 1931 como así atestigua su propia familia en un reportaje emitido por el programa de Canal Sur *Los reporteros* titulado «Homenaje a Blas Infante» en el año 2015[63]. Si tomamos como referencia ese testimonio, resulta complicado que en el transcurso de dos años aproximadamente, que es el tiempo que transcurre entre que Infante comienza a estudiar música y se edita la partitura del Himno, adquiriese los conocimientos suficientes de armonía y transporte necesarios para escribir la partitura transportada del tono de do mayor, en el que él mismo deja recogido que lo escucha, al de mi bemol que aparece en la partitura.

Para encontrar una hipótesis que pueda dar respuesta a por qué Infante deja escrito que lo escucha en una tonalidad, pero luego en la partitura aparece en otra, hay que remontarse a los años de instituto de Infante. Como ya se ha comentado en el presente libro, Infante cursó sus estudios de secundaria en el Colegio de las Escuelas Pías de Jesús Nazareno en Archidona. En el reglamento para los seminarios de las Escuelas Pías, en su artículo 132, estaba prescrito que se interpretase el *Santo Dios* a piano una vez al mes tal y como recoge Enrique Iniesta en su libro *Blas Infante: toda su verdad*. Iniesta, además, reproduce en su libro una anotación musical manuscrita, escrita por un alumno del colegio de los Escolapios de Archidona a finales del siglo XIX, durante su clase de música con el mismo profesor de música[64] de Infante, lo que hace de esta partitura una de las partituras

62 Infante, B. (2010). *Orígenes de lo flamenco y secreto del cante jondo*. Sevilla, Junta de Andalucía. Consejería de Cultura, p. 104.

63 *Los Reporteros* (2015). «Homenaje a Blas Infante». Minuto 18:33, Sevilla, Canal Sur Televisión. Disponible en: https://www.youtube.com/watch?v=FUdeGImALkM&t=1120s

64 El profesor de música era el Padre Jesús M.ª Sagredo.

del *Santo Dios* más antiguas que se conoce. La partitura en cuestión es la siguiente:

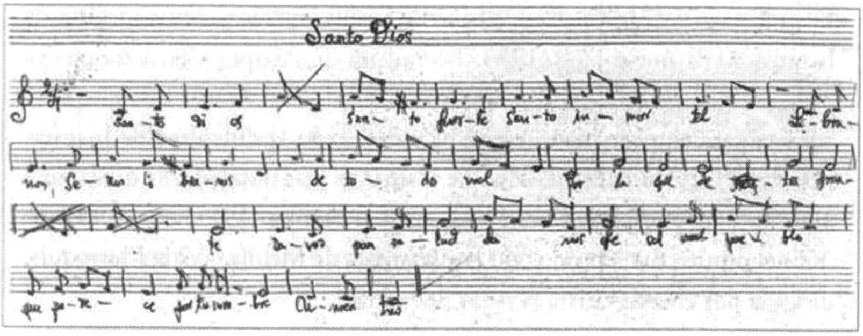

Figura 5: partitura manuscrita del Santo Dios, realizada en la clase de música de los Escolapios de Archidona. Libro Blas Infante, toda su verdad, vol. III, p. 217[65].

Como se puede apreciar, está escrita en la tonalidad de do mayor modulando a sol mayor para volver de nuevo a la tonalidad de do mayor con la que concluye. Como se ha mencionado anteriormente es difícil que Infante, con escasos conocimientos musicales, pudiese reconocer de oído la tonalidad en la que cantaban los jornaleros. Por ello, la hipótesis más probable es que no los escuchó cantar en el tono de do mayor; sin embargo, dejó recogido que lo escuchó en dicho tono porque era en el tono en el que él lo cantaba en su época adolescente.

Continuando con lo que Infante dejó escrito acerca del Himno en su libro, vemos que denomina al tono de sol mayor como tono campestre. Según el propio notario malagueño, estas canciones de jornaleros eran denominadas como «*lytiersa*» por los antiguos griegos. Una de las primeras referencias del término «*lytiersa*» la encontramos en los *Idilios* del escritor griego Teócrito, concretamente en su «Idilio X», donde recoge una canción de segadores para una cosecha

65 Iniesta Coullaut-Valera, E. (2006). *Blas Infante, toda su verdad* Vol. III. Sevilla, Almuzara p. 217.

feliz[66]. Otra referencia sobre este término la encontramos en el diccionario de mitología griega y romana escrito por el historiador francés Pierre Grimal. En dicho texto, se recoge la definición de «Litierses», poniendo de relieve que se trata del hijo del rey Midas, segador por excelencia. Los segadores de Frigia (de donde era oriundo Litierses) solían cantar, mientras trabajaban, una canción en la que se ensalzaba su habilidad como segador[67]. A pesar de los antecedentes del término, Infante no referencia de dónde saca el término de «*lytiersa*»; sin embargo, sí hemos encontrado la explicación que hace al respecto sobre la génesis del término. Enrique Iniesta recoge en su libro *Blas Infante, toda su verdad, vol. I* la aclaración que el mismo Infante hace sobre dicho término griego[68]. Según el escritor malagueño, «*litos*» significa «piedra» y «*ersa*», «trabajo», por lo que el significado vendría a ser «trabajo duro» en griego antiguo. Si comprobamos tal afirmación vemos que la aclaración que hace Infante no es cierta. Por una parte, la palabra piedra en griego es «*lithos*»; por otra parte «*ersa*» nada tiene que ver con la palabra «trabajo» y sí con el nombre de la hija de Zeus en la mitología griega. Otras fuentes apuntan que el significado de «*ersa*» proviene de «*ersé*» que significa «la mañana»[69] . Por último, la palabra que significa trabajo en griego es «érgon»[70]. Sabemos por su familia y por los numerosos estudios sobre su figura que el escritor malagueño era un gran amante de la lectura. En 1927, se publica el libro *Teoría física de la música*[71] escrito

66 Teócrito (1986). *Bucólicos griegos*, Idilio X, verso 41. Madrid, Ed. Gredos. Disponible en: https://archive.org/details/teocrito-et-al.-bucolicos-griegos-g-1986/page/122/mode/2up

67 Grimal, P. (1965). *Diccionario de mitología griega y romana.* Barcelona, Ed. Paidós, p. 327.

68 Iniesta Coullaut-Valera, E. (2006). *Blas Infante, toda su verdad Vol. I. Sevilla,* Almuzara, pp. 301-302.

69 Traducción disponible en: https://infonombre.com/news/4fee5a1ab220/cascade

70 Traducción disponible en: https://iesribera.es/linguistica/de-donde-viene-la-palabra-trabajo/

71 Obra publicada en el tomo V de la segunda serie de las memorias de la Real Academia de Ciencias Exactas, Físicas y Naturales de Madrid.

por Juan Domínguez Barrueta, obra premiada por la Real Academia de Ciencias Exactas Físicas y Naturales de Madrid. Domínguez Berrueta fue un matemático, físico, químico y gran amante de la música, como demuestra su propuesta sobre la creación de un nuevo órgano, además de cronista en la ciudad de Salamanca. Domínguez, en su libro antes mencionado, expone un cuadro descriptivo donde aparece el carácter de cada tono griego, basado, como el mismo Domínguez recoge, en tratados escritos por otros autores como Gevaert o Lavignac[72].

Gevaert, Tosca, Lavignac, traen cuadros, con el carácter de los *tonos*:

tono de *fa* = pastoril	tono de sol♭ = dulce	tono sol *menor* = melancólico
» do = simple	» re♭ = encantador	» re » = serio
» sol = campestre	» la♭ = acariciador	» la » = rústico
» re = alegre	» mi♭ = caballeroso	» mi » = triste
» la = franco	» si♭ = noble	» fa♯ » = aéreo
» mi = brillante	» fa *menor* = lúgubre	» do♯ » = siniestro
» si = enérgico	» do » = dramático	» sol♯ » = sombrío

Figura 6: cuadro resumen con el carácter de los tonos griegos sacado del libro *Teoría física de la música.*

Gevaert[73] publica en 1863 su libro *Traité général d´instrumentation* en el que diserta sobre los instrumentos de la orquesta y la instrumentación. En el capítulo cinco, Gevaert habla sobre lo que él llama «los colores de la orquesta» para lo que propone una serie de características según si la tonalidad es con sostenidos o si es con bemoles. El musicólogo belga propone una serie circular donde asigna una cualidad a cada tonalidad, denominando como «gai» (risueño) a la tonalidad de sol mayor[74].

72 Domínguez Berrueta, J. (1927). *Teoría física de la música.* Madrid, Talleres Voluntad, p. 123

73 François-Auguste Gevaert (1828-1908), compositor y musicólogo belga. Fue nombrado en 1867 director de la música de la ópera de París.

74 Gevaert, F. A. (1863). *Traité général de instrumentation.* París, Librairie Delagrave, p. 190.

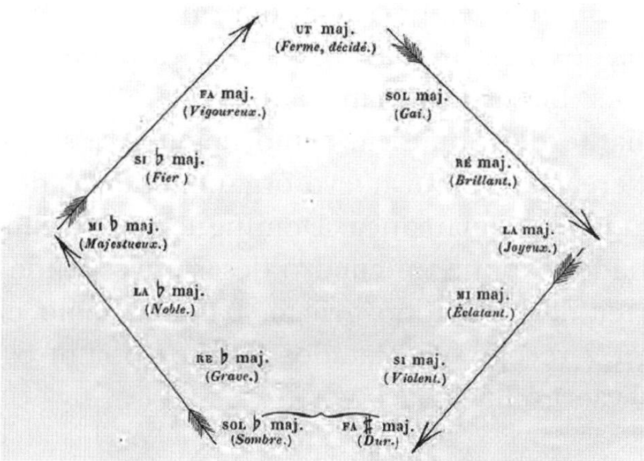

Figura 7: relación de colores atribuidos a cada tonalidad.
Tratado de orquestación de F. Gevaert.

Lavignac[75] es otro de los autores citados en el libro del químico español. El teórico francés escribe en 1895[76] su libro *La musique et les musiciens* donde realiza un extenso estudio sobre diferentes aspectos de la música. En su capítulo cuatro, el cual versa sobre la estética de la música, Lavignac presenta un cuadro donde otorga, a título personal, una serie de cualidades, al igual que hizo anteriormente Gevaert, a cada una de las tonalidades. Al igual que ocurre con Gevaert, Lavignac atribuye a la tonalidad de sol mayor el término «gai» a lo que le añade el término «campestre». Como curiosidad, el propio músico francés menciona que Gevaert ya había realizado algo similar en su tratado de orquestación, aunque manifiesta no haberlo leído[77].

75 Alexander Jean Albert Lavignac (1846-1918): musicólogo y compositor francés conocido, sobre todo, por su labor pedagógica.
76 Traducido al inglés en 1905.
77 Lavignac, A. (1895). *La musique et les musiciens*. París, Librairie Delagrave, p. 424.

UT ♯ MAJ :	?	LA ♯ MIN. :	?
FA ♯ MAJ. :.	rude.	RÉ ♯ MIN. :	?
SI MAJ. :..	énergique.	SOL ♯ MIN. :	très sombre.
MI MAJ. :..	éclatant, chaud, joyeux.	UT ♯ MIN. :.	brutal, sinistre ou très sombre.
LA MAJ. : .	franc, sonore.	FA ♯ MIN. :.	rude ou léger, aérien.
RÉ MAJ. :..	gai, brillant, alerte.	SI MIN. :..	sauvage ou sombre, mais énergique.
SOL MAJ. :.	champêtre, gai.	MI MIN. :..	triste, agité.
UT MAJ. :.	simple, naïf, franc, ou plat et commun.	LA MIN. :..	simple, naïf, triste, rustique.
FA MAJ. : .	pastoral, agreste.	RÉ MIN. : .	sérieux, concentré.
SI ♭ MAJ. :.	noble et élégant, gracieux.	SOL MIN. :.	mélancolique, ombrageux.
MI ♭ MAJ. :.	sonore, énergique, chevaleresque.	UT MIN. : .	sombre, dramatique, violent.
LA ♭ MAJ. :.	doux, caressant, ou pompeux.	FA MIN. : .	morose, chagrin, ou énergique.
RÉ ♭ MAJ. :.	plein de charme, placide, suave.	SI ♭ MIN. :.	funèbre ou mystérieux.
SOL ♭ MAJ. :	doux et calme.	MI ♭ MIN. :.	profondément triste.
UT ♭ MAJ. :	?	LA ♭ MIN. :	lugubre, angoissé.

Figura 8: cuadro con las características atribuidas a cada tonalidad. *La musique et les musiciens.*

Según Domínguez Berrueta, los griegos educaban el oído también en las diferentes profesiones; a la canción de los pastores la llamaban «*bucoliasmo*», a la de los segadores «*lytiersa*», a la de los esclavos que sacaban el agua de los pozos «*epiaulia*», a la de los molineros «*epimulia*», a la de los vendimiadores «*epilena*», a la de los tejedores «*elina*», a la de las niñeras para dormir a los niños «*nunimia*», para acallarlos en la cuna «*catabancalesis*» entre otras[78]. El escritor salmantino recoge también el término «*lytiersa*» como canción de los segadores, sin embargo, al igual que Infante, no referencia de dónde saca la afirmación sobre las canciones de los trabajadores por lo que no sabemos si, como sucede con los caracteres atribuidos a las tonalidades, fueron una opinión personal del autor o tenía un amplio conocimiento de los autores griegos antiguos. Lo que sí parece claro es que Infante estuvo influido por Domínguez Berrueta a la hora de escribir su libro sobre los orígenes del flamenco y, este, a su vez, estuvo influenciado por los tratados de Lavignac y Gevaert.

78 Domínguez Berrueta, J. (1927). *Teoría física de la música.* Madrid, Talleres Voluntad, p. 123.

En cuanto al uso de una tonalidad u otra, no hay constancia de por qué usa la tonalidad de mi bemol mayor en lugar de la de do mayor. Una hipótesis al respecto podría ser la relación que tanto Infante como José del Castillo tuvieron con la masonería como se recoge en el libro de Leandro Álvarez Rey. Según este catedrático de la Universidad de Sevilla, se tiene constancia de que, durante al menos veinte años, Infante perteneció a la logia Isis y Osiris[79] y posteriormente a la logia Fe y Democracia n.º 22[80] de Sevilla. En cuanto a las partituras, a modo general, encontramos algunos elementos comunes a todas ellas, excepto a la partitura H-v.1982. Un factor que llama la atención es cómo está colocado el símbolo de la 𝄋 en las partituras, puesto que lo normal es que se coloque mirando hacia la derecha y en esta ocasión está mirando hacia la izquierda como se puede ver en el compás uno[81]:

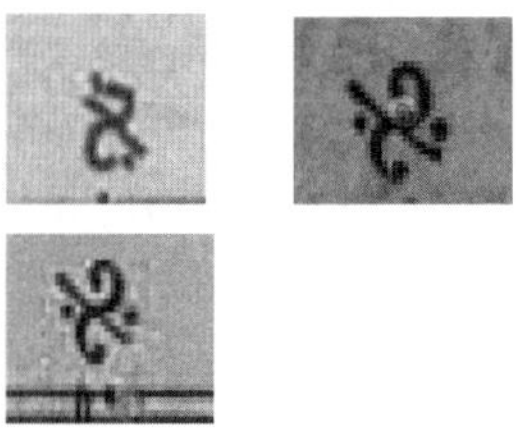

Figura 9: símbolo 𝄋 en H-v.1977, H-v.1979 y H-v.1990.

Si observamos todo el pentagrama que está escrito en clave de fa, vemos que las plicas de las notas están escritas todas hacia arriba, cuando lo habitual es que se escriban hacia abajo cuando la nota pasa del re3[82]:

79 Isis y Osiris es una de las logias más importantes en Sevilla. Durante la dictadura de Primo de Rivera, llegó a ser logia madre de numerosas logias sevillanas y andaluzas.

80 Nace tras una escisión de la logia Fe y Democracia n.º 384.

81 Para la comparación entre las partituras, no se han editado las partituras originales del himno para no perder algunas de las pruebas que demuestran las diferencias entre ellas.

82 Se ha usado el índice acústico para identificar a qué octava pertenece una

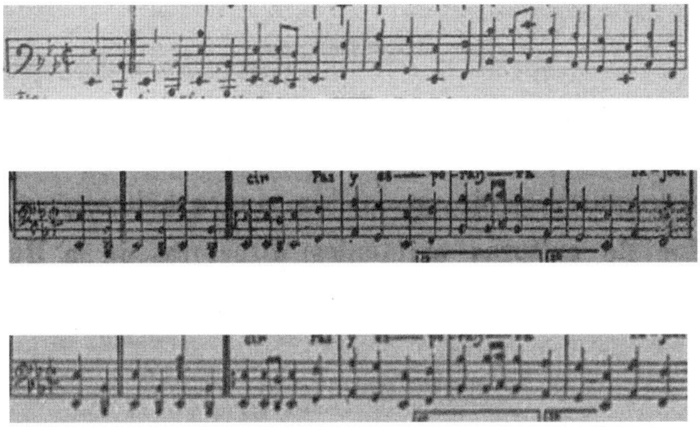

Figura 10: extracto partituras H-v.1977, H-v.1979 y H-v.1990.

Además de lo expuesto anteriormente, se observan errores en la conjunción de la letra con la música haciendo difícil poder cantarla tal y como viene recogida en la partitura, como ocurre, por ejemplo, en los compases 24, 25, 26 y 27:

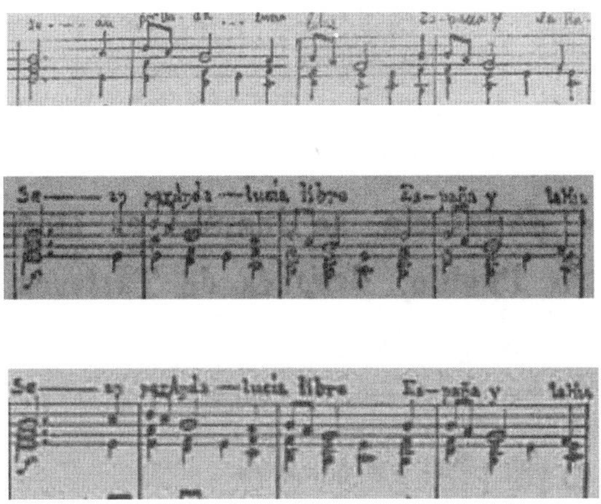

Figura 11: compases 24, 25, 26 y 27 H-v.1977, H-v.1979 y H-v.1990.

nota dentro del sistema de notación occidental. El número del índice se coloca justo después del nombre de la nota.

2.2.2.1. Relaciones entre H-v.1990 y H-v.1977

Entrando de lleno en la comparativa entre las distintas partituras del Himno, comenzaremos por estudiar las diferencias entre H-v.1990 y H-v.1977[83]. En H-v.1990 observamos la indicación de «Lento» al comienzo de la obra; sin embargo, esta indicación no aparece en H-v.1977 como observamos a continuación:

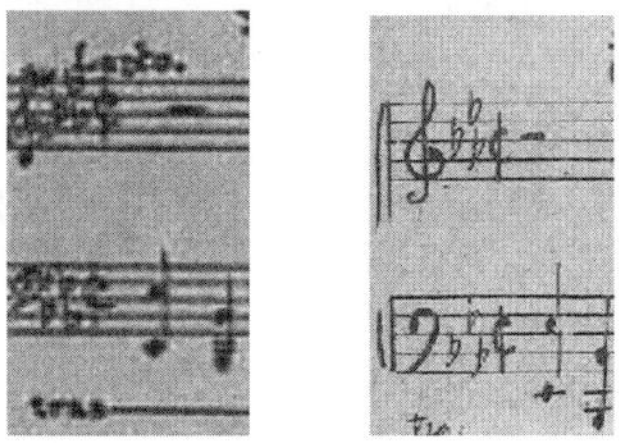

Figura 12: extracto H-v.1990 (izda.) y H-v.1977 (dcha.).

El segundo elemento importante que observamos es que, en H-v.1990, está escrita entera la primera letra del Himno. La primera parte está escrita sobre las notas y su segunda, debajo; sin embargo, en H-v.1977 solo está escrita la primera parte de la letra como se puede observar a continuación:

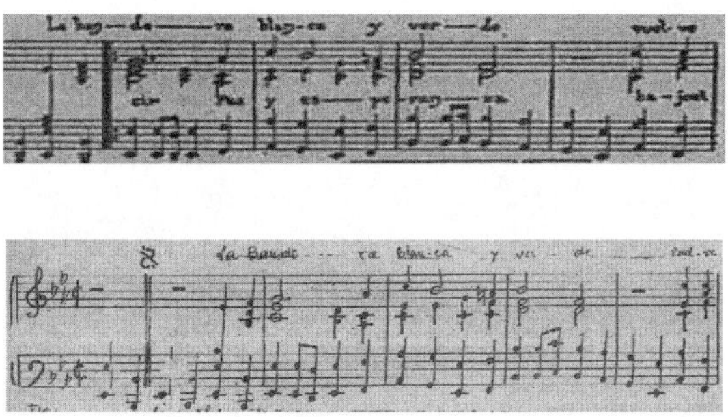

Figura 13: primeros compases de H-v.1990 (arriba) y H-v.1977 (abajo).

83 H-v.1979, como ya se ha comentado antes, es igual que H-v.1990.

Otra diferencia entre ambas partituras es la barra de repetición. En H-v.1990 está colocada tanto en el compás 2 como en el compás 9, sin embargo, en H-v.1977 no aparece:

Figura 14: primeros compases de H-v.1990 (arriba) y H-v.1977 (abajo).

El primer acorde del compás 2 de H-v.1990 es diferente al primer acorde del compás 2 de H-v.1977[84]:

Figura 15: compás 2 de H-v.1990 (arriba) y H-v.1977 (abajo).

El compás 6 presenta una conducción melódica distinta en las partituras, mientras que H-v.1990 utiliza las figuras

84 En la partitura 4 el acorde está formado por las notas sib-mib-sol. En la partitura 1 está formado por las notas do-mib-sol.

negra-blanca-negra para construir la melodía, en la H-v.1977 está construida con cuatro negras. Por otro lado, en H-v.1990, en el segundo tiempo de la voz intermedia aparece escrita la nota mi bemol, mientras que en H-v.1977 aparece escrita la nota re.

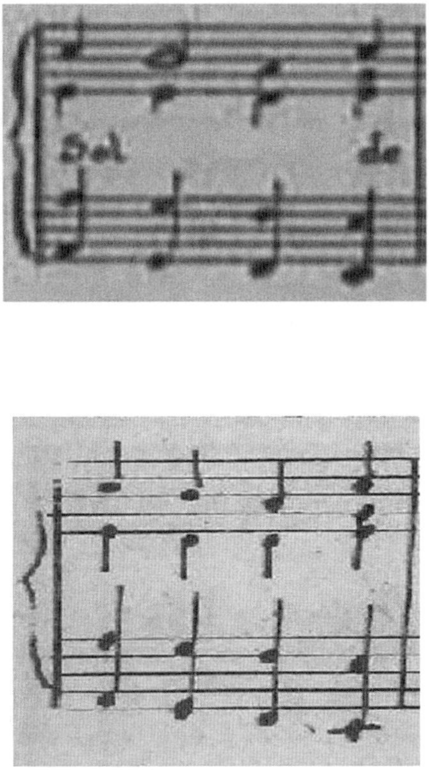

Figura 16: compás 6 de H-v.1990 (arriba) y H-v.1977 (abajo).

La melodía del compás 18 aparece escrita de forma distinta. En la partitura H-v.1977 observamos dos blancas mientras que en H-v.1990 aparece una redonda:

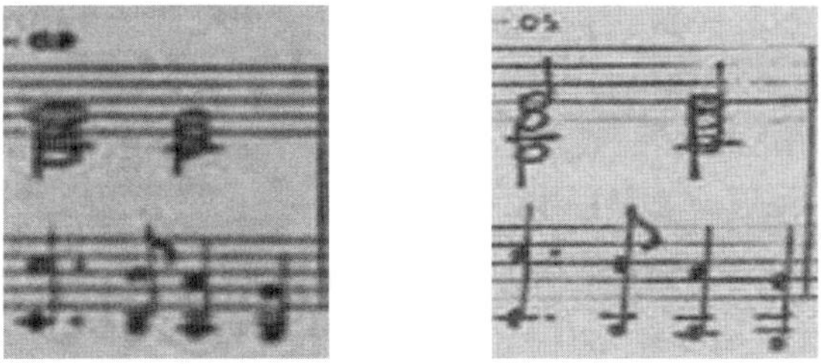

Figura 17: compás 18 de H-v.1990 (izda.) y H-v.1977 (dcha.).

Los compases 21, 22 y 23 presentan distintas alteraciones. En H-v.1990, la melodía, en su última corchea, aparece con la nota la natural. En el compás 22, la corchea situada en los bajos aparece con un becuadro y en el compás 23, en el segundo tiempo, la corchea aparece como la bemol. En H-v.1977, la última corchea de la melodía del compás 21 aparece como la bemol; en el compás 22 la corchea aparece sin el becuadro y en el compás 23 la nota la aparece con un becuadro en lugar de un bemol:

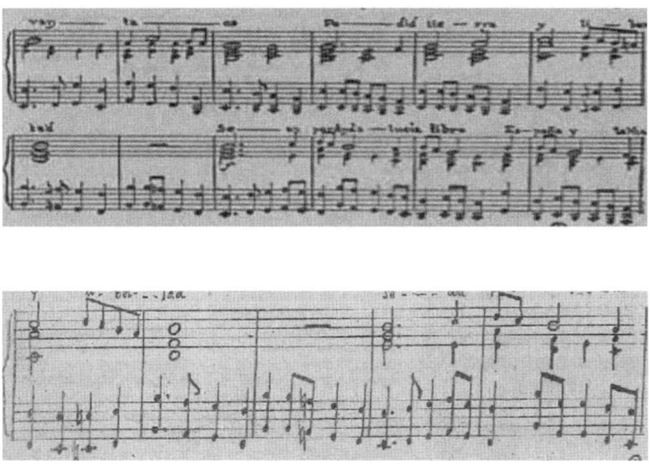

Figura 18: compases 21, 22 y 23 de H-v.1990 (arriba) y H-v.1977 (abajo).

Al igual que ocurría en el compás 2, el compás 27, en su segundo tiempo, también muestra diferentes acordes entre ambas partituras. Si en H-v.1990 observamos un acorde formado por las notas sib-mib-sol, en H-v.1977 está formado por las notas do-mib-sol:

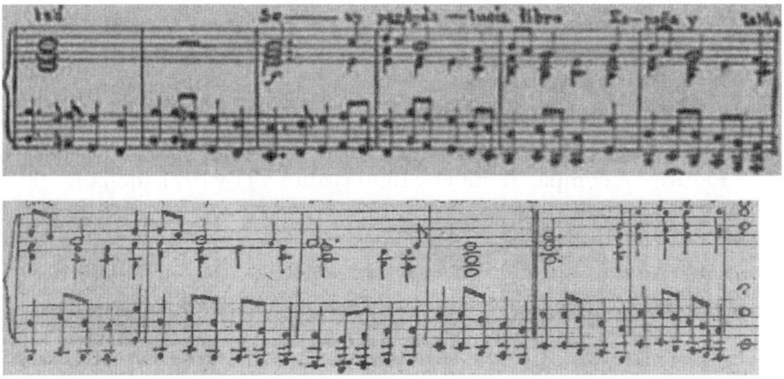

Figura 19: compás 27 de H-v.1990 (arriba) y H-v.1977 (abajo).

Por último, en el compás 28 encontramos nuevamente discrepancias en las alteraciones entre las partituras. En H-v.1990, aparece, en el primer tiempo de las voces graves, la nota la con un becuadro, sin embargo, en H-v.1977 esa misma nota aparece sin el becuadro:

Figura 20: extracto H-v.1990 (arriba) y H-v.1977 (abajo).

2.2.2.2. Relaciones entre H-v.1977 y H-v.1982

Una vez realizada la comparación entre H-v.1990 y H-v.1977 del Himno, pasaremos a comparar H-v.1977 y H-v.1982. Ambas partituras presentan diferencias notables entre ellas.

La primera la encontramos en los compases 1, 5 o 18:

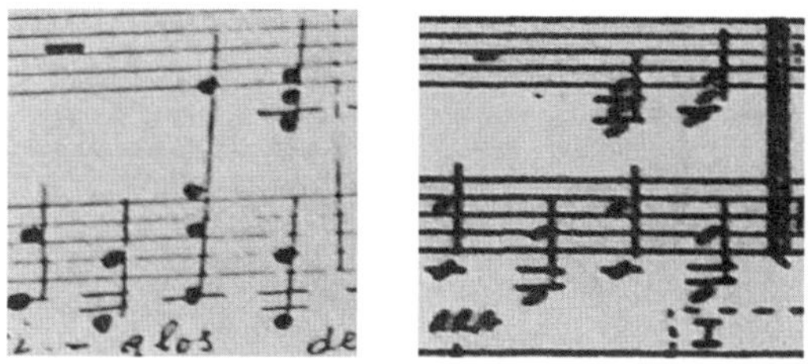

Figura 21: compás 1 de H-v.1977 (izda.) y H-v.1982 (dcha.).

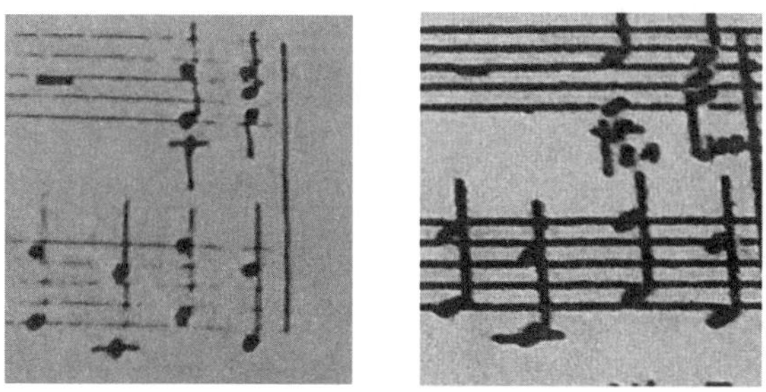

Figura 22: compás 5 de H-v.1977 (izda.) y H-v.1982 (dcha.).

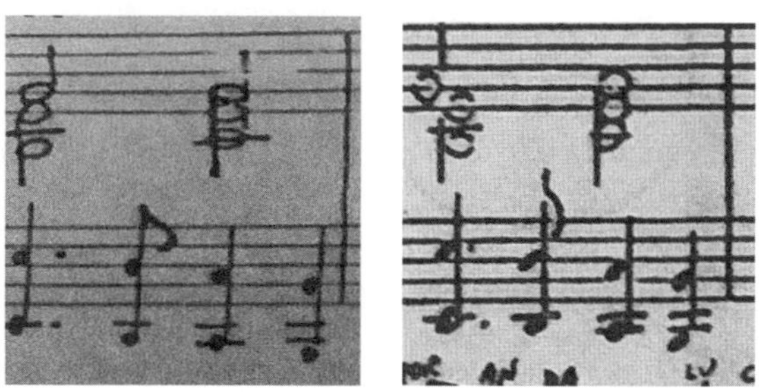

Figura 23: compás 8 de H-v.1977 (izda.) y H-v.1982 (dcha.).

Como se puede observar, las plicas de la voz de arriba están escritas de distinta forma en H-v.1977 (foto de la izquierda).

En el compás 7 observamos dos diferencias. La primera de ellas es que no está la nota re3 en el pentagrama escrito en clave de sol en H-v.1977 y la segunda es que, en esa misma partitura, hay escritos más tiempos de los que admite el compás[85], en el pentagrama escrito en clave de fa:

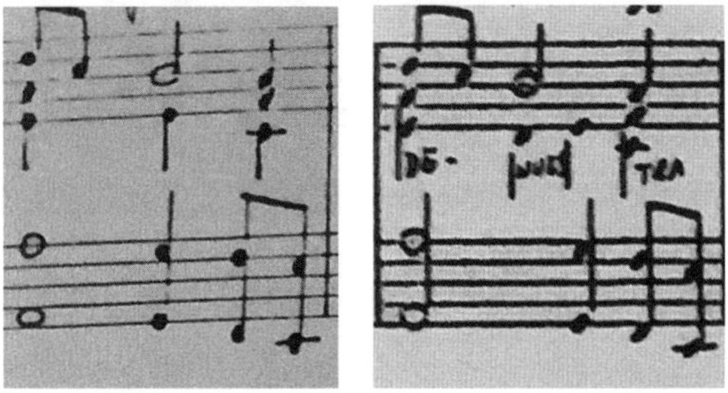

Figura 24: compás 7 de H-v.1977 (izda.) y H-v.1982 (dcha.).

La melodía del compás 18 presenta una diferencia entre ambas partituras. La partitura H-v.1977 presenta dos blancas mientras que la partitura H-v.1982 solo una:

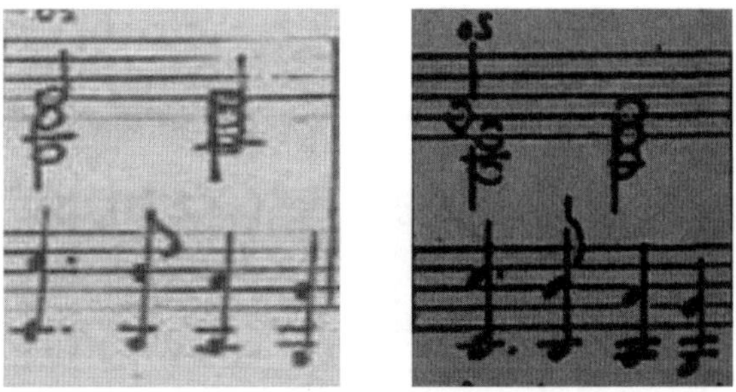

Figura 25: compás 18 H-v.1977 (izda.) y H-v.1979 (dcha.).

85 La partitura está escrita en el compás de compasillo binario que se representa con una C y una línea en vertical que la atraviesa. La métrica del compás viene dividida en dos pulsos o partes iguales con una duración máxima del compás de cuatro pulsos o partes.

Continuando con la melodía, en el compás 21, percibimos otras dos diferencias. La primera, la ausencia de notas en las voces intermedias en H-v.1977. La segunda, la encontramos en la última corchea de la melodía de la partitura H-v.1977, escrita sin becuadro, algo que sí aparece en H-v.1982:

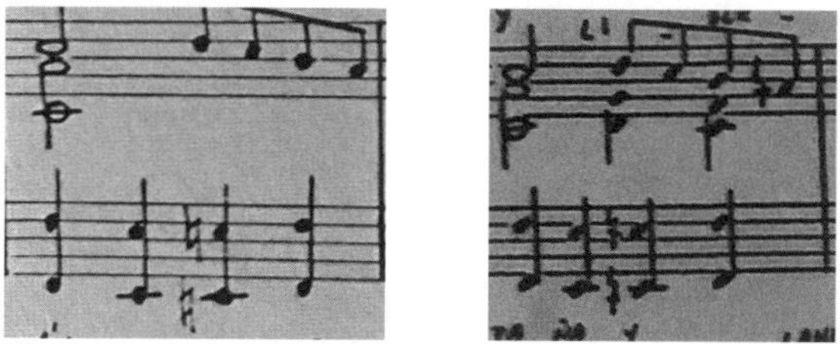

Figura 26: compás 21 de H-v.1977 (izda.) y H-v.1982 (dcha.).

Si atendemos a la armonía, observamos cambios en algunos acordes entre una partitura y otra. En el compás 11, el acorde escrito en el primer tiempo en la segunda partitura es el de la subdominante (lab-do-mib) en segunda inversión, mientras que en la partitura, publicada en el BOE, es un acorde de tónica (mib-sol-sib):

Figura 27: armonía compás 11 de H-v.1977 (izda.) y extracto H-v.1982 (dcha.).

En el cuarto tiempo del compás 13 de la partitura publicada en el BOE se observa que falta la nota la del acorde de séptima de dominante (sib-re-fa-lab):

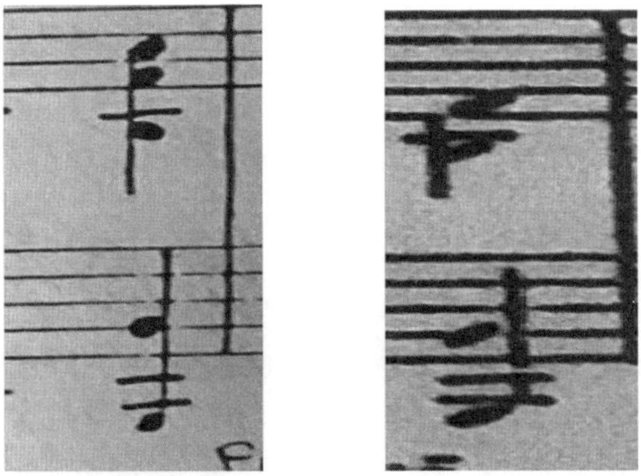

Figura 28: compás 13 de H-v.1977 (izda.) y H-v.1982 (dcha.).

En el segundo tiempo de los compases 26 y 27, el acorde que aparece en H-v.1977 es el acorde de subdominante en primera inversión (mib-sol-do) mientras que en H-v.1982 el acorde es de tónica (mib-sol-sib):

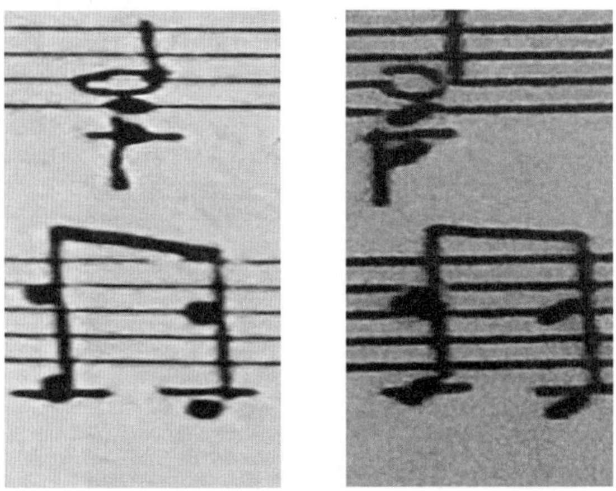

Figura 29: extracto H-v.1977 (izda.) y H-v.1982 (dcha.).

En el primer tiempo del compás 28 no aparece el becuadro en H-v.1977:

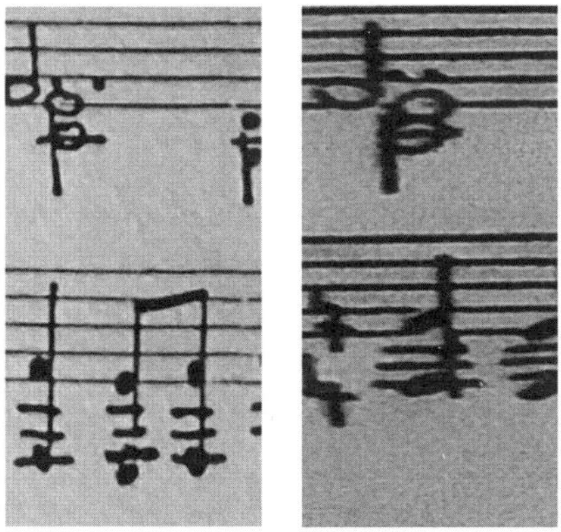

Figura 30: compás 28 de H-v.1977 (izda.) y H-v.1982 (dcha.).

Además de lo descrito en referencia a la armonía, se observa la falta de algunas indicaciones en H-v.1977 referidas al aire de interpretación y al salto de vuelta a la 𝄋:

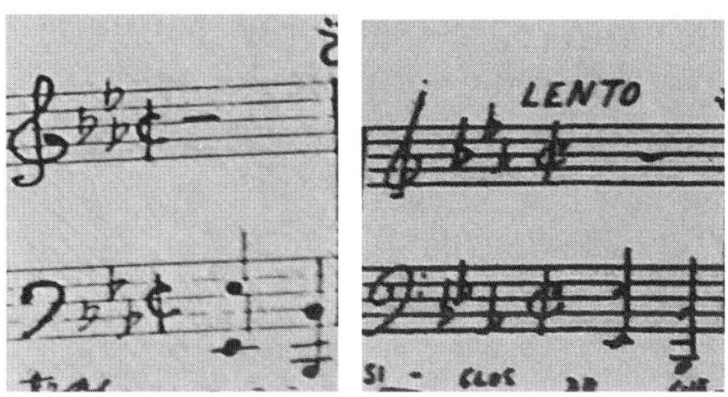

Figura 31: extracto H-v.1977 (izda.) y H-v.1982 (dcha.).

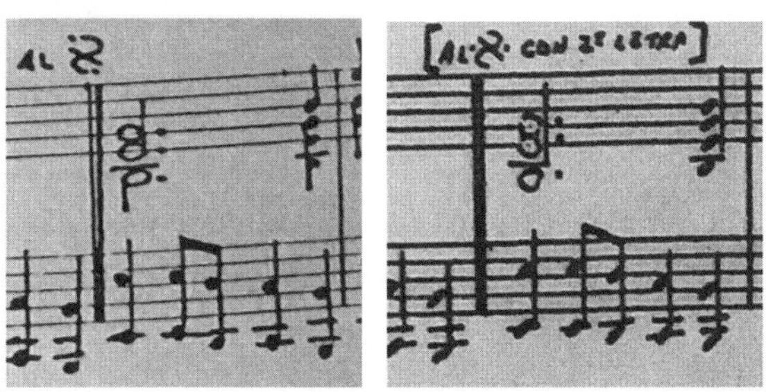

Figura 32: extracto H-v.1977 (izda.) y H-v.1982 (dcha.).

Por último, se ha dejado para el final el análisis del compás 25 debido a su especial relevancia. En H-v.1982 aparece escrito de forma diferente a H-v.1977, como vemos a continuación:

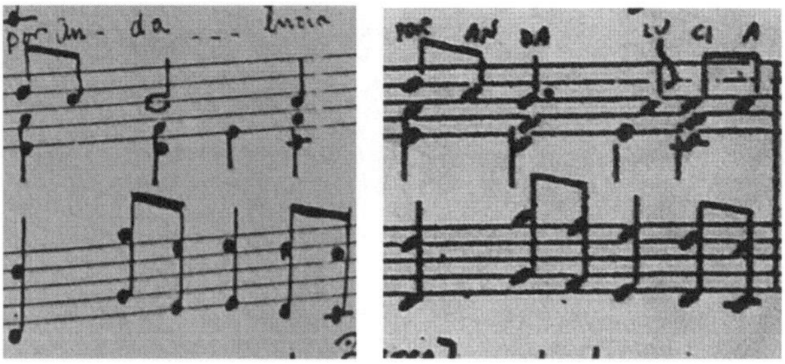

Figura 33: compás 25 de H-v.1977 (izda.) y H-v.1982 (dcha.).

2.2.2.3. Relaciones entre H-v.1990 y H-v.1982

Finalizaremos la comparativa de las partituras históricas del Himno con el estudio de las diferencias de H-v.1990 y H-v.1982. La primera la encontramos en el compás 1. H-v.1990 presenta el primer acorde de la melodía de forma distinta a como está escrito en H-v.1982:

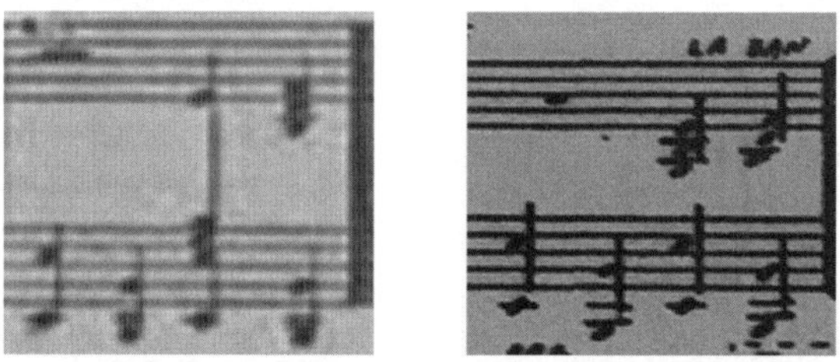

Figura 34: compás 1 de H-v.1990 (izda.) y H-v.1982 (dcha.).

El compás 6 presenta una conducción melódica distinta en las partituras, mientras que H-v.1990 utiliza las figuras negra-blanca-negra para construir la melodía, en H-v.1982 está construida con cuatro negras:

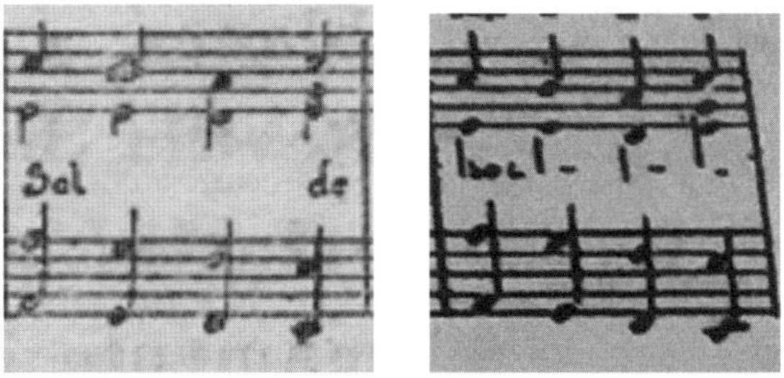

Figura 35: compás 6 de H-v.1990 (izda.) y H-v.1982 (dcha.).

El compás 9, al igual que ocurre en el 1, presenta los acordes de la melodía escritos de distinta forma:

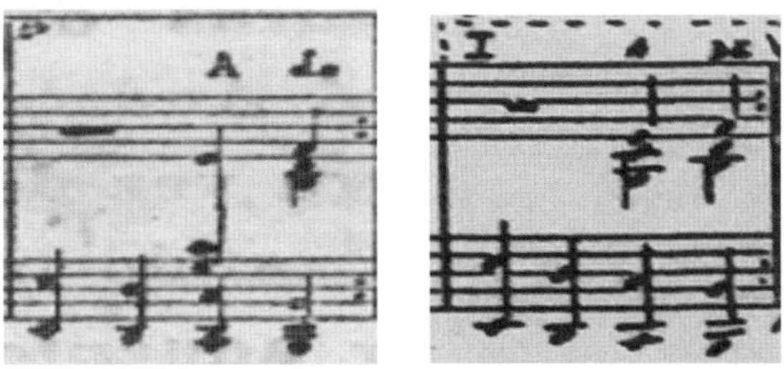

Figura 36: compás 9 de H-v.1990 (izda.) y H-v.1982 (dcha.).

En el último tiempo del compás 13, en la voz intermedia, observamos una nota en H-v.1990 que no aparece en H-v.1982:

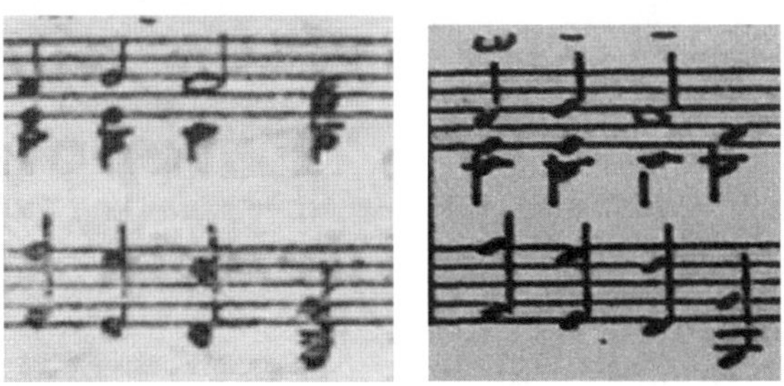

Figura 37: compás 13 de H-v.1990 (izda.) y H-v.1982 (dcha.).

El compás 25, al igual que ocurría en el compás 6, presenta una conducción melódica diferente. Mientras que H-v.1990 usa dos corcheas-blanca-negra, H-v.1982 usa dos corcheas-negra con puntillo y tres corcheas. La conjunción letra texto también se ve afectado por este cambio melódico. Como hipótesis este cambio en la escritura de la melodía viene como consecuencia de los problemas que presentaba la unión de la letra con la música a la hora de ser cantada, que gracias a la variación hecha en H-v.1982 quedan resueltos.

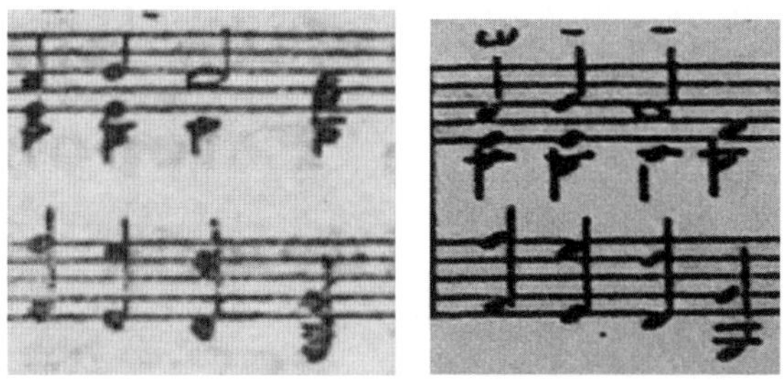

Figura 38: compás 25 de H-v.1990 (izda.) y H-v.1982 (dcha.).

La indicación de *rallentando* del compás 28 que aparece en H-v.1990 no aparece en H-v.1982:

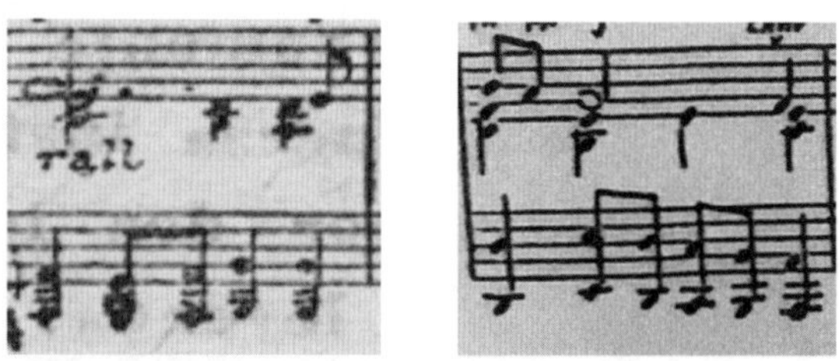

Figura 39: compás 28 de H-v.1990 (izda.) y H-v.1982 (dcha.).

La indicación de vuelta a la 𝄋 muestra también diferencias. En H-v.1990 se especifica de forma más escueta que en H-v.1982:

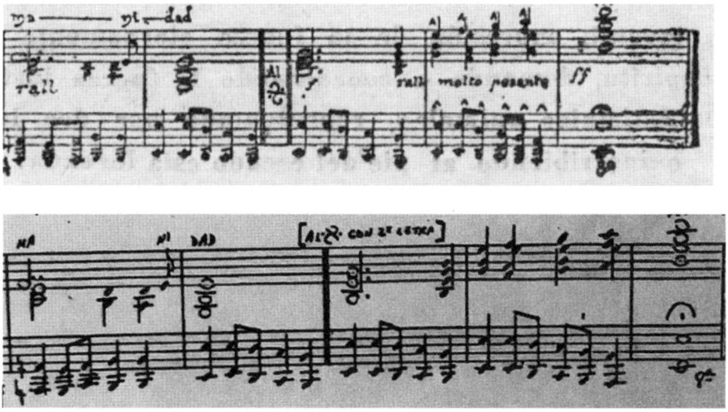

Figura 40: últimos compases de H-v.1990 (arriba) y H-v.1982 (abajo).

En los compases finales, las indicaciones de *rallentando* y *molto pesante* presentes en H-v.1990 no aparecen reflejadas en H-v.1982:

Figura 41: compases finales de H-v.1990 (arriba) y H-v.1982 (abajo).

Por último, el segundo texto del Himno viene escrito al comienzo de H-v.1990 sobre la música, sin embargo, en H-v.1982 viene escrito al final:

Figura 42: adecuación segundo texto del Himno
en H-v.1990 (arriba) y H-v.1982 (abajo).

2.3. El texto

Con la frase «Andalucía no ríe, llora» se refirió Blas Infante, en el manifiesto de Córdoba de 1919[86], a la precaria situación que vivía Andalucía en materia de derechos y desigualdades con el resto de territorios de la península. Según Miguel Arnaiz en su artículo sobre el himno andaluz en el portal *Mundoclásico.com*, con la publicación de dicho texto, pretendía recoger algunos de los principios ideológicos fundamentales sobre los que se sustentaba el andalucismo histórico, siendo tildada de panfletaria por parte de alguno de sus detractores.

La primera vez que vio la luz fue en la asamblea regional celebrada en Córdoba entre el 28 y el 31 de enero de 1933 en el círculo de la amistad de dicha ciudad siendo editada en

86 Arnaiz, Miguel: «Breve historia del himno de Andalucía parte I. Los orígenes». Revista digital *Mundoclásico.com* (2020) Disponible en: https://www.mundoclasico.com/articulo/33546/Breve-historia-del-Himno-de-Andaluc%C3%ADa-1-Los-or%C3%ADgenes#15

dípticos que fueron repartidos un día antes de comenzar la asamblea[87]. El texto dice así:

La bandera blanca y verde
Vuelve tras siglos de guerra
A pedir paz y esperanza
Bajo el sol de nuestra tierra

¡Andaluces, levantaos!
¡Pedid tierra y libertad!
¡Sea por Andalucía libre,
España y la Humanidad!

Los andaluces queremos
volver a ser lo que fuimos
hombres de luz, que a los hombres,
alma de hombres les dimos.

¡Andaluces, levantaos!
¡Pedid tierra y libertad!
¡Sea por Andalucía libre,
España y la Humanidad!

Como hemos citado anteriormente, existe una fuerte relación con la causa andaluza en las líneas que escribe Infante comenzando, sin ir más lejos, por la primera frase «la bandera blanca y verde». Generalmente atribuida a la Asamblea de Ronda de 1918[88], Ruiz Romero señala que el uso de la bandera estaba restringida, al comienzo, a los círculos andalucistas, hasta la llegada de la Segunda República, cuando en los municipios más afines al movimiento autonomista se izaban banderas verdiblancas con la clara intención de reclu-

87 *Ibid.*
88 Vergara Varela, Jesús P. (2018). Los símbolos del andalucismo histórico. Trayectoria de nuestra bandera, escudo e himno. En *Andalucía en la historia*, 60, pp. 40-44.

tar el máximo número de apoyos posibles a favor de dicho proyecto[89]. La asociación de los colores verde, en referencia a la esperanza, y blanco, en referencia a la paz, ya habían sido usados por Infante en escritos anteriores[90]. Continuando con Ruiz Romero, las palabras «paz y esperanza» suponen el anhelo de futuro de prosperidad tras siglos de guerra[91]. En contraposición, para Miguel Arnaiz, la alusión a los siglos de guerra en esta primera estrofa no termina de encajar al entender que Andalucía no tiene una historia belicosa y, en segundo lugar, porque parece atribuir a los conflictos bélicos los males de Andalucía[92]. Ya metidos en el estribillo, encontramos en su primera parte, el verso «andaluces, levantaos», lo que alude a la movilización de los andaluces y andaluzas tras siglos de letargo. Para Ruiz Romero, relacionada con «levantaos» encontramos la palabra «libertad» entendida como un término facilitador de unas condiciones de vida y de un compromiso/conciencia activa personal que posibilitase el desarrollo humano y de los pueblos.

Tras este verso, vemos «pedid tierra y libertad», relacionados íntimamente con la corriente georgista de la cual Infante era seguidor como así queda reflejado en obras como *La dictadura pedagógica* o en conferencias como la que pronunció en Sevilla en el Centro Obrero Socialista en junio de 1916.

En la segunda parte del estribillo nos encontramos los versos «sean por Andalucía libre, España y la humanidad», en clara alusión a las aspiraciones federalistas de los andalucistas de crear un Estado plural y cooperativo construido

89 Díaz Arriaza José y Ruíz Romero, Manuel (1991). *El proceso autonómico andaluz durante la II República en Sevilla.* Sevilla, Fundación Blas Infante, p. 81.

90 Lacomba, J. A. (1988). *Regionalismo y autonomía en la Andalucía contemporánea (1835-1936*). Granada, Caja Rural de Granada, p. 103.

91 Ruiz Romero, M. (2021). El himno: voz de Andalucía. En *Andalucismo histórico: cien años de la Asamblea de Ronda.* Editado por Rosa García Perea, Manuel Delgado Cabeza coordinador, p. 74. Sevilla. Almuzara.

92 Arnaiz Molina, M. (2019). *Una historia del himno de Andalucía: de Blas Infante a Rocío Jurado.* Trabajo fin de grado. Madrid. Universidad Complutense de Madrid, p. 26.

desde abajo, el cual ya había sido propuesto con anterioridad por el catalanista Pi y Margall. Según recoge el investigador Miguel Arnaiz Molina la frase «sean por Andalucía libre, España y la humanidad» contiene otro significado, ya que esta alude al lema de la Junta Liberalista «Andalucía por sí, iberia y la humanidad». Para Arnaiz, la diferencia entre el lema de la Junta Liberalista y lo escrito por Infante radica en que, a partir de 1931, Infante decide cambiar este lema por una preferencia personal colgándolo en el escudo andaluz de la puerta de su casa de Coria del Río[93]. El historiador Manuel Ruiz Romero atribuye la repetición del estribillo a una dimensión movilizadora y reclamatoria.

El comienzo de la segunda estrofa del texto, «los andaluces queremos volver a ser lo que fuimos», sugiere la tristeza por la pérdida de la grandeza de tiempos pasados, centrado en el factor humano. Continuando con los versos de esta segunda estrofa observamos el uso de la palabra «alma», interpretada por Ruiz Romero como una llamada a restaurar la humanidad. Por otra parte, «luz» es interpretada como una llamada interior a ser mejores personas frente a la oscuridad siempre presente en la vida. Para Arnaiz Molina, Infante habla en un tono un tanto críptico cuando dota a los hombres de alma de hombre[94]. Más bien —creemos nosotros— invoca la espiritualidad y la humanidad de las personas y las relaciones entre seres, culturas y sociedades.

Otro fragmento con gran significado, el cual trajo a Infante algún que otro problema, fue «Andalucía libre» tal y como aparece publicado en el periódico *ABC de Sevilla* en su edición del 1 de febrero de 1933[95]. Al finalizar la asamblea de

---

93 Arnaiz, Miguel. (2020). «Breve historia del himno de Andalucía parte I. Los orígenes». Revista digital *Mundoclásico.com*. Disponible en: https://www.mundoclasico.com/articulo/33546/Breve-historia-del-Himno-de-Andaluc%C3%ADa-1-Los-or%C3%ADgenes#15

94 Arnaiz Molina, M. (2019). *Una historia del himno de Andalucía: de Blas Infante a Rocío Jurado*. Trabajo fin de grado. Madrid. Universidad Complutense de Madrid, p. 27

95 «Un vivo incidente entre el diputado señor García-Hidalgo y don Blas

Córdoba, durante el *lunch* posterior, el diputado a cortes por Córdoba D. Joaquín García Hidalgo recriminó a Infante que escribiese «Andalucía libre», en vez de solo «viva Andalucía» o «viva Andalucía española», a lo que Infante contestó «¿qué quiere usted que diga? ¿Viva Andalucía esclavizada?». Para concluir con el análisis del texto, tenemos que remontarnos a 1982 cuando se publica la Ley 3/1982 de 21 de diciembre sobre el himno y el escudo de Andalucía en la cual se sustituye la palabra «sean» por «sea» sin que se haya encontrado razón para ello[96]. Aunque el carácter singular utilizado en el verbo podría interpretarse como una llamada al compromiso individualizado, como raíz y motor de toda interpretación federal a partir del sujeto.

Si bien es cierto que no es hasta 1933 cuando ve la luz la composición realizada por Infante, en base a las investigaciones realizadas, vemos que guarda gran relación con la Asamblea de Ronda de 1918. Por un lado, el comienzo («la bandera blanca y verde»), por otro lado, el uso de «tierra y libertad», palabras que ya venía usando Infante desde 1916, la influencia de la letra de Tomás Orellana cuando escribe «andaluces, levantaos» (Orellana escribe «levanta Andalucía») o el uso de parte del lema de la Junta Liberalista cuando escribe «sean por Andalucía libre, España y la Humanidad». Es por ello, que si atendemos a lo expuesto en cuanto a que el Himno fue escrito en Cantillana, ya que testimonio orales dan fe de que el propio Infante visitaba sus casas para ensayarlo, la hipótesis más plausible es que Infante escribiese la letra en una fecha comprendida entre 1918 y 1922, no siendo editada hasta 1933 coincidiendo con el gran evento celebrado en Córdoba, que no fue otro que

---

Infante» (01 de febrero de 1933) *ABC de Sevilla*. https://www.abc.es/archivo/periodicos/abc-sevilla-19330201-21.html

96 En las tres partituras del himno aparece la palabra «sean». Es muy posible que a la hora de transcribir el texto haya habido un error humano y de ahí que aparezca «sea» en lugar de «sean».

la asamblea celebrada para tratar el proyecto de Estatuto andaluz.

El texto de Infante no fue el primero que se propuso para ser reconocido como oficial. Según Pedro Ruíz Berdejo[97] en el XII Congreso sobre Andalucismo Histórico, en la Asamblea de Ronda de 1918[98], Tomás Orellana y Massa (fundador de la Federación Sanitario-Pedagógica Andaluza) presentó una propuesta de texto oficial con el título de *La verde y blanca* con la anotación «el himno andaluz» al dorso, aunque fue rechazada. El texto en cuestión dice así[99]:

La bandera andaluza, por la brisa agitada,
Desde lejos parece un limonero en flor.
Una clásica reja de jazmines orlada
Que promete el misterio de una noche de amor.
De paz y de esperanza, son sus bellos colores,
Poéticos emblemas de algún Ab-der-Ramán [sic] [...][100].

Infante, al conocer lo escrito por Orellana, se deshizo en elogios hacia él[101]. Si comparamos ambos escritos encontramos algunas similitudes. Se sabe que Orellana atendió como médico a Infante en 1920 y que fue un firme defensor

---

97 Abogado sevillano (1940-2022), es uno de los fundadores de la Fundación Blas Infante, de la que era vicepresidente. Medalla de oro de la provincia de Sevilla en 2008, fue un fuerte activista de la identidad andaluza y del legado y pensamiento de Blas Infante.

98 Ruíz Berdejo, P. (2008). Historia comparada del himno de Andalucía para su entronque definitivo en el Estatuto de Autonomía. En *Actas XII Congreso sobre Andalucismo Histórico*, editado por Pedro Ruiz Berdejo, p. 230. Sevilla, Fundación Blas Infante.

99 El texto al completo puede consultarse en la web del Centro de Estudios Andaluces. https://w01.centrodeestudiosandaluces.es/bibdigital/opac/ficha.php?informatico=00004506AM&codopac=OP014&idpag=1815051171&presenta=mercurio

100 Arnaiz, Miguel. (2020). «Breve historia del himno de Andalucía parte I. Los orígenes». Revista digital *Mundoclásico.com*. Disponible en: https://www.mundoclasico.com/articulo/33546/Breve-historia-del-Himno-de-Andaluc%C3%ADa-1-Los-or%C3%ADgenes#15

101 Ruiz Lagos, M. (1979). *Andalucismo militante* Jerez, Editorial Sexta, pp. 154 y 158.

de la causa andalucista[102] por lo que es posible que el notario tomara ideas del texto del galeno. Comparando ambos encontramos algunas similitudes que merecen ser comentadas. En la primera estrofa de Orellana, aparece la frase «la bandera andaluza» que es similar a la frase «la bandera blanca y verde» del texto de Infante. En la segunda estrofa de Orellana podemos leer «de paz y esperanza», frase que nos recuerda a «pedir paz y esperanza» del texto de Infante. En la cuarta estrofa encontramos «¡despierta Andalucía! ¡levántate sultana!», el cual guarda parecido con «andaluces, levantaos» y «¡tierra y libertad!», similar a «pedid tierra y libertad». Por último, la alusión en ambos textos a España al final de la obra queda presente. Mientras que Orellana escribe «y brinda a tus hermanos con la rama de olivo. La visión protectora del futuro español», Infante escribe «sea por Andalucía libre España y la humanidad».

Un años antes de que Orellana presentara su propuesta, la revista Andalucía publicó un texto con el título *A manera de himno*[103] escrito por Antonio Rodríguez de León[104]. De gran extensión (con veintiuna estrofas, incluyendo introducción, estribillo y final), carácter reivindicativo y huérfano de música, el texto de Rodríguez presenta, al igual que en el caso del texto de Orellana, una cierta similitud con el escrito por Infante. La palabra «queremos» presente en el comienzo de cada estrofa recuerda a «los andaluces queremos» de la segunda estrofa de Infante. El texto es el siguiente:

Himno

[...]Queremos con ansias augustas y fieles
hacer del nativo solar andaluz
albergue glorioso de nobles laureles

102 Iniesta Coullaut-Valera, E. (2007). *Blas Infante, toda su verdad 1931-1936, Vol. III.* Sevilla, Almuzara, p. 213.

103 Rodríguez León, A. (1917). «A manera de himno». *Revista Andalucía* n.º 15, pp. 6-8. https://hemerotecadigital.bne.es/hd/viewer?oid=0004482595

104 Antonio Rodríguez León ostentaba, en esos momentos, el cargo de secretario del Centro Andaluz de Huelva.

y templo eminente de rancia virtud.
Queremos que surja la santa epopeya
de tiempos que fueron de vivo esplendor,
y hacer a las gentes de casta plebeya
hermanos de todos por obra de amor. [...][105]

Fuera de las fronteras de Andalucía encontramos otro texto, esta vez con música, con título *Himno a Andalucía.* El diario madrileño *La Crónica Meridional* publicó el dieciséis de noviembre de 1930[106] un artículo donde se anunciaba una representación, a celebrar el día veintiuno, en el Teatro Calderón de Madrid. Dicha función, organizada a instancias de la Casa Central de Andalucía de Madrid, finalizaría con la interpretación de la obra *Himno a Andalucía* a cargo del sexteto del teatro. No sería la primera vez que fuese anunciado en prensa el estreno del himno en homenaje a Andalucía, puesto que el diario *El Imparcial* ya se hizo eco del estreno un mes antes[107]. El texto estuvo a cargo del poeta Conrado Goettig González y la música por Andrés María del Carpio. Es el siguiente:

Encerrada en la sierra bravía
Y entre espumas del agua del mar
De la nada surgió cierto día
Nuestra Andalucía de encanto sin par.
Y a la pálida luz de una estrella

105 Extracto del texto escrito por Antonio Rodríguez de León. El texto íntegro puede consultarse en: http://hemerotecadigital.bne.es/issue.vm?id=0004482595&search=&lang=es

106 «La casa central de Andalucía» (16 de noviembre de 1930). *La Crónica Meridional* https://prensahistorica.mcu.es/en/publicaciones/ficha_pub.do?idPublicacion=3651&destino=..%2Fpublicaciones%2Flistar_numeros.do%3Fbusq_infoArticulos%3Dtrue%26busq_dia%3D6%26descendente%3Dtrue%26busq_mes%3D12%26busq_anyo%3D1930%26campoOrden%3DfechaPublicacion%26busq_idPublicacion&formato=ficha_comprende

107 «Un himno de Andalucía» (15 de octubre de 1930). *El Imparcial* https://hemerotecadigital.bne.es/hd/es/results?oid=0001073012&id=9cc655b0-0b2a-4097-9489-f68de47398ea

Con el ritmo de un gran corazón
Todo el mundo lanzó esta querella
¡Qué tierra más bella! ¡Qué noble región! [...][108]

El último texto aparecido previo a la Guerra Civil, posterior al escrito por Blas Infante, aparece al hilo de un acto pro Estatuto andaluz celebrado en Cádiz tal y como recoge el *Diario de Cádiz* el cuatro de julio de 1936, días antes de estallar el golpe militar del 18 de julio[109]. En el acto intervienen personalidades como el propio Blas Infante, el presidente de la Diputación Francisco Cossi Ochoa, y una decena de alcaldes de la provincia gaditana reunidos también para abordar el problema del desempleo. El texto fue escrito por Fernando G. del Valle y Roja y la música por el músico gallego José de Veiga, compositor también del himno gallego *Os Pinos*, sin embargo, solo se ha conservado el texto. La obra guarda algunos puntos en común con el texto de Infante como el uso de la expresión la bandera blanca y verde, aunque difiere en su significativo carácter republicano. El texto es el siguiente:

¡Oh tú feliz nación Andalucía,
por tu tierra, tu espíritu y tu cielo,
electa para el reino de poesía
y de hermanas repúblicas modelo!
Al nacer la República Española
la conciencia nació de tu destino,
y blanca y verde con fervor divino
ya tu bandera el andaluz tremola.
¡Salve bandera verde que en cultura
de espíritu y tierras das segura
esperanza de toda Humanidad!

108 El texto completo puede consultarse en: http://catalogo.bne.es/uhtbin/cgisirsi/?ps=LUenU5vjYG/BNMADRID/162440567/5/0

109 Iniesta Coullaut-Valera, E. (2007). *Blas Infante, toda su verdad. 1931-1936. Vol. III.* Sevilla, Almuzara, p. 213.

¡Salve bandera blanca de lealtad,
que tiene a España como hija pía
su divina inmortal Andalucía!

Para finalizar, nos detendremos en el texto escrito por el músico almeriense Juan Gabriel García Escobar, grabada por su hermano, el cantante Manolo Escobar. Uno de los primeros aspectos que llama la atención del texto de Escobar es el año en el que lo escribe, 1962, dentro aún del franquismo. Otro aspecto que destacar es la comparación que realiza entre Andalucía (su tierra) y la figura femenina. Según Miguel Arnaiz[110], el texto refleja la identificación de los tópicos andaluces como esencia de «lo español» (así se alude en el texto), reflejo de la línea oficial del régimen franquista para la construcción de una identidad española articulada en buena medida sobre el estereotipo andaluz[111].

2.4. El concierto de presentación del himno de Andalucía (1936)

El concierto de presentación del himno de Andalucía tuvo lugar el martes 7 de julio de 1936 en la plaza de San Lorenzo de Sevilla, volviéndose a interpretar el viernes 10 de julio de 1936 en la Alameda de Hércules días antes de estallar la sublevación militar en Sevilla.

El lunes 6 de julio aparecería un artículo en el periódico *El Liberal* donde se informaba del concierto que se iba a producir en la plaza de San Lorenzo al día siguiente junto al programada del mismo. En dicho artículo, se anunciaba la inter-

110 Arnaiz Molina, M. (2019). *Una historia del himno de Andalucía: de Blas Infante a Rocío Jurado*. Trabajo fin de grado. Madrid, Universidad Complutense de Madrid, p. 33.

111 El texto del Himno de Manolo Escobar puede consultarse en la web no oficial sobre el propio cantante. http://www.manoloescobar.net/cancionero/G/himnoandalucia.htm

pretación del Himno junto con el texto para ser cantado por los asistentes[112]. El martes 7 de julio, en el periódico *ABC*, se publica un artículo en referencia a la asamblea celebrada el domingo 5 de julio con el título «Un acto pro Estatuto de Andalucía». En dicha asamblea, participan numerosos representantes parlamentarios, diputados provinciales y representantes municipales de todas las provincias andaluzas y el alcalde de Sevilla, el señor Hermoso Araujo, estando presidida por el presidente de la Diputación de Sevilla, el señor Pueyes.

La lógica nos dice que atendiendo a los acontecimientos políticos que se estaban sucediendo en la ciudad, la fecha esperada para presentar el himno de Andalucía habría sido el mismo día 5. Tanto es así que la banda municipal, con el maestro José del Castillo al frente, interpretó ese mismo día un concierto, pero no incluyó la nueva armonización del Himno, ya que sin saber a la hora que terminarían los debates y actos de clausura de dicha asamblea, hubiese sido muy precipitado el fijar para ese mismo día su estreno. Por ello, no es descabellado considerar que se elija como fecha para el estreno el martes 7 de julio ya que era una fecha cercana a todos los acontecimientos que se habían sucedido días atrás y no esperar así hasta el día 10 como en un principio estaba pensado.

En cuanto al repertorio escogido no cabe duda de que no fue elegido al azar. El mismo día del concierto, y de nuevo en *ABC*, aparece la noticia del estreno que se iba a producir esa misma tarde en un concierto dedicado a Andalucía. En dicha noticia, el propio director de la banda invitaba al concierto que iba a tener lugar esa misma noche. Según Rafael Estévez Bautista, en una conferencia pronunciada en Sevilla en mayo de 2017[113], el programa elegido para el concierto

112 «Los conciertos de la banda municipal». (6 de julio de 1936). *El Liberal*, p. 7. https://prensahistorica.mcu.es/es/catalogo_imagenes/grupo.do?path=479591

113 La conferencia tuvo lugar el 17 de mayo de 2007 en la sala expositiva

fue minuciosamente seleccionado con la intención de mostrar sintonía con la corriente andalucista. Dividido en dos partes, el orden de ejecución de las piezas fue la siguiente:

— *La Giralda* (Eduardo López Juarranz): escrita por el músico militar Eduardo López Juarranz durante su estancia en Cádiz en el último tercio del siglo XIX, fue considerado hasta 1936 el himno no oficial de Andalucía.

— *Sevilla* (Albéniz): escrita por Isaac Albéniz en 1886, es una de las danzas que forman la *Suite española.* La elección de esta pieza puede tener dos significados. Por una parte, Sevilla es la ciudad donde se fragua el andalucismo y donde se logró la comisión pro Estatuto y por otra la admiración que profesaba José del Castillo por Albéniz. Del Castillo llega, incluso, a adoptar el nombre de Pedrell en homenaje al músico catalán Felipe Pedrell[114], considerado padre de la música nacionalista catalana y profesor de Isaac Albéniz, tras iniciarse en la logia masónica Isis y Osiris.

— *La reina mora* (letra hermanos Álvarez Quintero, música José Serrano): sainete escrito en tres actos estrenado en diciembre de 1903 en Madrid, instrumentado para banda a modo de selección. Los andalucistas de la época estaban impregnados por la cultura árabe incluso soñando con tutelar desde Andalucía el protectorado español en el norte de África. Infante publica en 1920 la obra de teatro *Motamid, último rey de Sevilla,* en la cual recrea la vida de Al-Mutámid, último emir de la taifa de Sevilla cuya historia es interpretada como paralela a la del pueblo andaluz. Visita la tumba de este rey en Marruecos y una vez se

---

Alfonso X el Sabio de Sevilla bajo el título «José del Castillo, el gran músico olvidado».

114 Felipe Pedrell (1841-1922): musicólogo y compositor español, está considerado uno de los máximos referentes de la etnomusicología a través del flamenco. Por otra parte, fue un gran estudioso de la obra de Tomás Luis de Victoria.

traslada a vivir a Coria del Río a principios de los años 30 decora toda su casa con motivos arabescos.

— *Tarteso* (José del Castillo): con esta pieza daba comienzo la segunda parte del concierto. Se trata de un pasodoble que el propio José del Castillo compuso en 1935 utilizando el nombre que los griegos usaron para denominar a, lo que ellos creyeron, la primera civilización de occidente desarrollada en el triángulo formado por las actuales provincias de Huelva, Cádiz y Sevilla. Una de las etapas, con la Bética y al-Ándalus califal donde indica que Andalucía fue faro cultural del mundo.

— *El amor brujo* (Manuel de Falla[115]): estrenada en 1915 en el Teatro Real de Madrid se trata de un *ballet* con cante jondo con un marcado carácter andaluz con libreto de su esposa María de la O Lejárraga García. Falla era uno de los músicos andaluces y españoles más importantes de la época, impulsor del mundo flamenco, y había tenido relación con el Ateneo de Sevilla tras ser el encargado de dirigir a la Orquesta Bética en 1930 para un acto benéfico organizado por el Ateneo de Sevilla como se puede comprobar en el periódico *El Liberal* en diciembre de 1930. Aunque el hecho de interpretar una obra suya en el concierto quizás sea por la relación de amistad que tuvo con Eduardo Torres. Este último fue presidente de la sección de música del Ateneo de Sevilla y maestro de capilla, quien impulsó junto con Manuel de Falla la creación de la Orquesta Bética sobre el año 1923.

— *La patria chica* (Chapí): zarzuela en un acto con libreto de Serafín y Joaquín Álvarez Quintero y música del maestro Ruperto Chapí estrenada en el Teatro Real de Madrid en

115 Manuel de Falla (1876-1946): compositor gaditano, está considerado uno de los músicos más importantes del siglo XX. Tuvo una estrecha relación con el grupo poético de la generación del 27. Obras como *El amor brujo* (1915), *El sombrero de tres picos* (1917-1919) o *Noche en los jardines de España* (1909-1916) son a día de hoy mundialmente conocidas.

octubre de 1907. Los andalucistas, al igual que los catalanistas, querían la descentralización del Estado, entendiendo Andalucía como su patria chica.

A continuación, se interpretó el himno de Andalucía con la instrumentación de José del Castillo por parte de la Banda Municipal de Sevilla y una coral, recibiendo una calurosa acogida por parte del público, lo que obligó a que tuviera que ser ejecutado de nuevo, como se desprende de la reseña periodística en *El Liberal*[116]. El concierto daría fin con la interpretación del himno nacional republicano. Días más tarde, volvería a celebrarse un concierto en el que se volvería a interpretar el himno andaluz. Sabemos por el escritor Pedro José Sánchez[117] que dicho concierto fue anunciado en la prensa de la época, concretamente en el periódico *ABC*, sin embargo, no se conserva prueba documental. Gracias al artículo publicado por Emilio Lemos Ortega en *ABC de Sevilla*[118] conocemos el repertorio interpretado en el concierto celebrado el día 10 de julio. El programa fue muy distinto al ejecutado el día 7, manteniendo solo el himno de Andalucía y el himno de España como las dos únicas piezas interpretadas en ambos conciertos. El orden del programa, dividido en dos partes con tres piezas cada una, fue el siguiente[119]:

Primera parte:

— *Pazos*: pasodoble compuesto por José del Castillo[120].

---

116 «El himno de Andalucía». (8 de julio de 1936). *El liberal*, p. 2. https://prensahistorica.mcu.es/es/catalogo_imagenes/grupo.do?path=479593

117 Sánchez Gómez, P. J. (2004). *La música y el ateneo de Sevilla 1887-2003*. Sevilla. Ateneo de Sevilla, p. 134

118 Lemos Ortega, E. (30 de marzo de 1979). «El maestro Castillo y el himno de Andalucía». *ABC de Sevilla*, p. 9. https://www.abc.es/archivo/periodicos/abc-sevilla-19790330-9.html

119 «Los conciertos de la banda municipal» (09 de julio de 1936). *El Liberal*, Madrid, p. 2. https://prensahistorica.mcu.es/es/catalogo_imagenes/grupo.do?path=479594

120 No se conservan las partituras.

— *Sardana (de la ópera Garín)*: compuesta por el músico Tomás Bretón en 1886 y estrenada en el Teatro del Liceo en 1892.

— *Los sobrinos del Capitán Grant:* zarzuela escrita por Manuel Fernández Caballero basada en la novela homónima de Julio Verne. Se estrenó con gran éxito en el Teatro Príncipe Alfonso de Madrid el 25 de agosto de 1877.

Segunda parte:

— *Tosca* (selección): ópera escrita en tres actos con música de Giacomo Puccini y libreto de Luigi Illica y Giuseppe Giacosa. Basada en el drama escrito por Victorien Sardou *La Tosca*, fue estrenada en París en 1887.

— *La guitarra de Fígaro*: comedia lírica en un acto escrita por Pablo Sorozabal. Estrenada en el Teatro Arriaga en enero de 1932, volvió a interpretarse al año siguiente en el Teatro de la Zarzuela de Madrid con una versión hecha por el autor.

— *La Villana* (selección): zarzuela en tres actos con música de Amadeo Vives y libreto de Federico Romero. Basado en *Peribáñez y el Comendador de Ocaña* de Lope de Vega. Se estrenó en el Teatro de la Zarzuela de Madrid, el 1 de octubre de 1927.

Desgraciadamente, once días después estallaría la sublevación en Sevilla con el General Queipo de Llano[121] a la cabeza y la versión del Himno que había armonizado José del Castillo fue destruida, no volviéndose a escuchar más desde aquel viernes 10 de julio de 1936.

---

121 Gonzalo Queipo de Llano (1875-1951): militar español, dirigió el golpe de Estado de 1936 en Sevilla. Su nombramiento como jefe del ejército sur, trajo consigo un periodo de fuerte represión, como queda reflejado en las charlas que habitualmente solía dar en la radio sevillana y en la crueldad de sus acciones.

CAPÍTULO III

EL HIMNO DE ANDALUCÍA A PARTIR DE LA DEMOCRACIA

3.1. Grabaciones históricas

Hasta hace apenas cuarenta años prácticamente nadie sabía cómo sonaba ese himno que se había compuesto a principios de los años treinta. Carlos Cano, andalucista reconocido, dejó plasmado musicalmente, en 1976, con la canción *Verde, blanca y verde,* cuyo texto está basado en un poema suyo llamado *Las amapolas,* ese nuevo resurgir andalucista que nacía tras años de dictadura. Estrenada en el Teatro Lope de Vega de Sevilla el 20 de diciembre de 1975, en un concierto organizado por *La voz del Guadalquivir,* fue incluida en su primer disco *A duras penas* en 1976, lo que ponía de manifiesto la necesidad de encontrar un símbolo musical equiparable a la bandera como símbolo identitario de Andalucía.

Con la llegada de la primavera de 1977, a tan solo tres meses de las primeras elecciones generales en democracia, Alejandro Rojas Marcos encargó a Carlos Cano la grabación del recién redescubierto himno de Andalucía, de forma que pudiera ser utilizado en la campaña electoral que estaba a punto de comenzar. Cano se desplazó a la casa de Infante en Coria del Río para consultar, con el permiso de la familia Infante, la que, según afirmó más tarde en una entrevista, era la única copia disponible que se conservaba del Himno[122], impresa en un pequeño tomo allí guardado[123]. Por entonces, prácticamente nadie sabía que existía un himno de Andalucía y faltaban apenas tres meses para la celebración de las primeras elecciones generales democráticas (15 de junio de 1977). Tan solo se disponía de una fotocopia de una partitura para voz y piano sacada de un libro editado en Francia, con la música del Maestro Castillo y la letra del cacereño. Cano se puso manos a la obra junto con sus dos músicos almerienses, Rafael Molina y Paco Luis Miranda, para realizar la adaptación musical y grabación del Himno. Cano no quiso desde un principio ser protagonista y que el Himno se convirtiese en una de sus canciones, por eso no lo cantó personalmente y los arreglos se limitaron casi a transcribir el original del que se disponía, aunque se añadió bajo eléctrico y batería para mejorar el empaste del tema.

En el estudio de grabación sevillano Play-sur, en la zona de La Florida, se grabó, en una sesión de tarde, las bases consistentes en batería y bajo, a las que se incorporaron pistas de piano, chelo, clarinete y guitarra española. Asimismo, se grabó una pista de voz de referencia por parte de Cano y sus músicos, que con las mezclas (había pocas pistas disponibles por entonces, quizás el estudio era un ocho pistas[124]) quedó unida con otra de las bases, por lo que, aunque débilmente, en la mezcla final del tema suena y puede distinguirse la voz de Carlos Cano. Durante la grabación, recibió la visita de algunos de los compañeros supervivientes de las Juntas Liberalistas de Andalucía, ya mayores.

---

122 Cano se refiere a la impresa en *Andalucía desconocida* (partitura H-v.1979). Obvia la que entregó María de los Ángeles Infante a José Jesús García Díaz y que fue publicada en *El Correo de Andalucía* en 1977.

123 «Carlos Cano, la identidad andaluza y el himno de Andalucía» (2013). Recuperado de: https://www.youtube.com/watch?v=zErVxHtvqyw

124 «Ocho pistas» se refiere al método de grabación de sonido multipista que permitía grabar ocho sonidos distintos por separado para luego unirlos y formar un todo.

La cara B del disco sencillo *Por un poder andaluz* fue grabada en otro momento, y contenía la música de la campaña electoral de la coalición PSA-PSP formada en Andalucía para las elecciones generales. Días más tarde se incorporó la voz del Himno. El catedrático de violonchelo del Conservatorio de Sevilla, Juan Calabuig, había fundado la Coral Heliópolis, formada por jóvenes del barrio de Heliópolis. La coral ensayaba en los locales de la Parroquia de Claret y contaba con el apoyo de sus hijos Carmen y María José (violines) y Juanito (chelo), así como del chelista Nicasio Moreno. Calabuig seleccionó de la coral a tres tenores y un bajo con los que ensayó la voz del Himno, grabándola posteriormente en el mismo estudio, y reforzada con su chelo. El Himno aparecería más tarde en un disco editado y producido por el propio PSA junto a los temas *Por un poder andaluz* y *Verde, blanca y verde.*

Para crear sensación de una gran masa coral, se usaron tres micros a diferentes distancias, aunque solo había una pista disponible. Los cantantes fueron Pablo Madariaga, Pepe Cortés Parejo, actualmente catedrático en la Facultad de Matemáticas de la Universidad de Sevilla, y el hoy fotógrafo Antonio del Junco. El cuarto cantante pudo haber sido Pilo, el bajista Pedro Menchén, los médicos Pedro Gallego o José María Pardo, o quizás el propio chelista flamenco Nicasio Moreno. El ingeniero de sonido fue Paco Ruiz (el conocido «Ye-Ye del Millón» del concurso *Un millón para el mejor* de TVE). Una vez realizadas las mezclas por parte de Ignacio Martínez, el Himno fue presentado al público en el gran mitin de la campaña electoral en Ronda, celebrado pocos días antes del final de la misma. En dicho mitin actuaron Carlos Cano y sus músicos, Enrique Morente con Pepe Habichuela, y el cantaor Paco de Lucena, por entonces afincado en Ronda. El estreno tuvo repercusión en la prensa como se desprende de lo publicado en el diario semanal

Hoja de Lunes donde se hacían eco de las manifestaciones a favor de la autonomía andaluza y el canto del Himno[125].

Como hemos citado anteriormente, esta grabación de Carlos Cano es considerada como la primera grabación que se hizo del himno andaluz, al menos la primera de estudio, sin embargo, tras las investigaciones realizadas, no fue esta la primera vez que el Himno fue grabado. En el año 2010 y aprovechando la conmemoración del 125 aniversario del nacimiento de Blas Infante, Canal Sur realiza una serie documental de ocho capítulos con una duración de cincuenta minutos cada uno, dirigida por el periodista Antonio Ramos Espejo, en el cual se investiga sobre la figura y obra del considerado hoy día padre de la patria andaluza. En el capítulo titulado *Blas Infante. Un hombre para un pueblo*[126], Enrique García Gordillo, periodista de Canal Sur e hijo predilecto de Andalucía, habla sobre el himno de Andalucía. Según su testimonio, en otoño de 1976 el escritor José Luís Ortiz de Lanzagorta se encontraba investigando sobre los símbolos andaluces anteriores a la dictadura, impartiendo una serie de charlas sobre ellos, símbolos que aún en esa época no eran oficiales.

María Luisa Infante, hija de Blas Infante, encuentra en ese año, una partitura del Himno dentro del libro, escrito por su padre, *Andalucía desconocida*. Es ella quien le cede esa partitura a Ortiz de Lanzagorta. Con dicha partitura en su poder, Ortiz de Lanzagorta contacta con el periodista Enrique García Gordillo, que por aquel entonces trabajaba en Radio Sevilla, y van con ella a casa de unos de los pianistas flamencos más importantes de la época, José Romero Jiménez «Pepe Romero»[127]. En dicha casa y siendo grabado

125 «Los andaluces quieren la autonomía». (5 de diciembre de 1977). *Hoja de lunes*, p. 1. https://prensahistorica.mcu.es/es/catalogo_imagenes/grupo.do?path=1007636144

126 «Blas Infante, un hombre para un pueblo» (2016). Programa *Los Reporteros*, Canal Sur Televisión, minuto 34:50. Disponible en: https://www.youtube.com/watch?v=IBQgW6SKQqs

127 José Romero «Pepe Romero» (1936-2000): pianista, musicólogo y

con un magnetofón Uber cedido por Radio Sevilla, Romero interpreta la partitura del Himno que había sido encontrada en el libro. Esta versión fue digitalizada *a posteriori* y ha permanecido guardada sin que poco o nada se supiese de ella. Tras las grabaciones de Romero y Cano encontramos una tercera grabación, segunda de estudio, coetánea en el tiempo a la realizada por el cantautor granadino. La grabación tuvo lugar en 1978, bajo el sello Hispavox. El vinilo contenía solo el himno de Andalucía, en su cara A cantado y en su cara B en versión orquestal. La producción estuvo a cargo de J. Blas Vega y los arreglos musicales corrieron a cargo del virtuoso pianista Jesús Gluck[128]. Una curiosidad de esta grabación es que es la única que comienza con el estribillo del Himno en lugar de la estrofa. Hispavox publicaría recopilatorios de música andaluza tanto en 1980 como en 1984, volviendo a incluir el himno de Andalucía cantado por Amigos de Gines en ellos.

Para escuchar la primera grabación que se realiza con arreglos para banda de música hay que remontarse hasta el año 1980 en un disco de vinilo grabado por la Banda Municipal de Sevilla con su director, José Albero Francés, al frente, y la agrupación coral de Sevilla. El vinilo consta de dos versiones del Himno, una primera versión instrumental y una segunda con la participación de la coral cantando la letra que Blas Infante dejó escrita. Esta versión para banda fue estrenada en un concierto que tuvo lugar el 28 de octubre de 1979 a las doce de la mañana en el Teatro Lope de Vega, como se puede observar en la noticia publicada en el periódico *ABC de Sevilla*[129]. A dicho concierto acudiría toda la

---

compositor de música flamenca, ejerció como profesor de música en el instituto Bécquer de Sevilla. Publicó siete álbumes de estudio, así como varios ensayos como *Joaquín Turina ante la estética flamenca* o *La otra historia del flamenco*.

128 Amigos de Gines: himno de Andalucía. https://www.youtube.com/watch?v=dsEB8YmkSuo

129 «Mañana, estreno del himno de Andalucía por la banda municipal de Sevilla». (27 de octubre de 1979). *ABC de Sevilla*, p. 25. https://www.abc.es/archivo/periodicos/abc-sevilla-19791027-37.html

clase política andaluza, así como familiares de Blas Infante. El Himno tuvo tal éxito entre el público que tuvo que ser interpretado tres veces, la última de ellas, con el director de la banda dirigiendo cara a los asistentes[130].

3.2. Versiones para banda de música

Según la encuesta realizada por el Centro de Estudios Andaluces en el año 2023, el 85,5 % de los andaluces afirmaban sentirse muy identificados con el Himno[131]. Fruto quizás de este arraigo, son numerosas y variadas las versiones que existen sobre esta composición musical que tan importancia tiene en nuestra tierra. Conocida es la versión de Rocío Jurado en la película *La Lola se va a los puertos* en taranto o la versión de Carlos Cano que, hasta la fecha, es considerada la primera grabación de estudio del himno de Andalucía. Sin embargo, el gran problema del Himno sigue siendo la ausencia de una versión oficial. En cuanto a las versiones para banda, al desaparecer la instrumentada por José del Castillo en 1936, han ido apareciendo diferentes instrumentaciones dependiendo del autor en cuestión. La Junta de Andalucía se comprometió, cuando aprobó la ley del escudo y el Himno, a aprobar una versión oficial, tal y como recoge la disposición adicional cuarta de dicha ley[132]. En la presente investigación, se ha hecho una recopilación de las distintas versiones realizadas de nuestro Himno para banda de música, ordenadas según su año de composición, que son interpre-

130 «Clamorosa audición del himno de Andalucía». (30 de octubre de 1979). *ABC de Sevilla*, p. 1. https://www.abc.es/archivo/periodicos/abc-sevilla-19791030-1.html «Emocionante estreno de la instrumentación del himno de Andalucía». (30 de octubre de 1979). *ABC de Sevilla*, p. 23. https://www.abc.es/archivo/periodicos/abc-sevilla-19791030-39.html

131 La encuesta puede consultarse en: https://www.centrodeestudiosandaluces.es/noticias/siete-de-cada-diez-andaluces-opinan-que-la-imagen-de-andalucia-ha-mejorado-en-los-ultimos-cuatro-anos

132 Ley 3/1982, de 21 de diciembre sobre el Himno y el Escudo. Disposición adicional cuarta.

tadas a lo largo de nuestra geografía, en aras de que pueda ayudar a que Andalucía cuente, por fin, con una versión oficial. Nos detendremos, a grandes rasgos, en cuatro puntos: la introducción, el compás 6, el compás 25 y la coda final, al ser estos donde más diversidad encontramos. Por otro lado, el hecho de que se haya hecho acopio solo de las versiones para banda está relacionado con que la primera versión que se hizo de esta pieza tan representativa fue para este tipo de agrupación musical.

Himno de Andalucía (Joaquín Villatoro): realizada por el músico cordobés Joaquín Villatoro Medina[133] en el verano de 1979 con motivo de las Fiestas de la Vendimia de Jerez[134], la cual estuvo dedicada a Andalucía, por encargo del concejal de cultura del Ayuntamiento de dicha localidad gaditana, Mariano León. Dicha versión se interpretó los días 7, en la proclamación de la reina infantil, y 9 de septiembre en el acto de bendición y pisa de la uva. Esta instrumentación es la primera para banda tras la dictadura, anterior incluso a la realizada por Albero. A día de hoy solo se conserva una partitura que, si bien no se especifica a qué instrumento pertenece, todo hace indicar que fue escrita para el oboe.

Himno de Andalucía (J. Albero): realizado por José Albero Francés[135] quien fue director de la Banda Municipal de Sevilla desde 1973 hasta 2003. Estrenada en septiembre de 1979, ante personalidades del andalucismo de la época, fue estrenada oficialmente el 28 de octubre de 1979 en el

133 Joaquín Villatoro Medina (1911-1987): fue un músico cordobés aunque pasó gran parte de su vida profesional en Jerez, donde llegó a dirigir la Banda Municipal de Música, la Orquesta y Orfeón así como el conservatorio de dicha localidad gaditana.

134 «El maestro Villatoro hizo una nueva instrumentación del himno de Andalucía». (30 de septiembre de 1979) *ABC de Sevilla*, p. 16. https://www.abc.es/archivo/periodicos/abc-sevilla-19790930-32.html

135 José Albero Francés (1933-): director de la banda municipal de Sevilla desde 1973 hasta su jubilación en el año 2003. Es hijo adoptivo de la localidad de Pargo desde el año 2008. Su marcha *Esperanza de Triana Coronada* es una de las composiciones más interpretadas en la Semana Santa sevillana.

Teatro Lope de Vega de Sevilla. En palabras de José Manuel Bernal, «quizás sea la versión que más respeta el deseo de Infante y Castillo, que querían que el himno tuviera el ritmo de marcha fúnebre, el binario»[136]. La versión de Albero presenta algunas curiosidades. La primera de ellas hace referencia al compás y a la indicación metronómica a la que debe ser interpretada. En la primera versión, escrita en 1979, el compás que aparece es el de cuatro por cuatro y la negra debe ser interpretada entre 108 y 112 pulsaciones por minuto[137] según consta en la propia partitura. Tres años después, publica una nueva versión, en su propia editorial, donde cambia el compás de cuatro por cuatro por el dos por dos y la indicación metronómica pasa a ser blanca igual a 60. Este cambio nos indica que la segunda versión debe de ser interpretada un poco más rápido. Adentrándonos de lleno en el comentario de la partitura, Albero respeta la tonalidad original de la obra y añade una pequeña introducción de cuatro compases al comienzo del Himno:

Figura 43: introducción primera versión de Albero.

La melodía del compás 10 de Albero (compás 6 en las partituras históricas del Himno), está cambiada con respecto

136 Iglesias Blandón, J., Rodríguez Grimaldi, F. J., Tovar Florencio, F. J. (2009). *La otra cara del andalucismo.* Sevilla, reportaje de investigación, Universidad de Sevilla, p. 20.

137 Las pulsaciones por minuto o PPM son una unidad empleada para medir el ritmo en música.

a lo visto tanto en la partitura H-v.1977 como en H-v.1979, escribiendo en este caso una redonda:

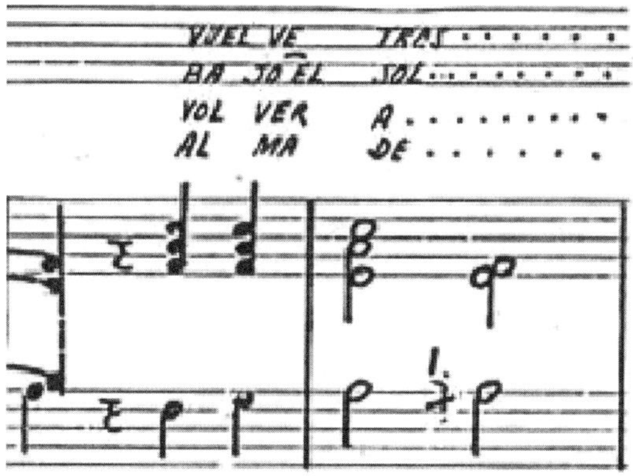

Figura 44: compás 10 de la primera versión de Albero.

La conducción melódica del compás 29 (compás 25 en las partituras históricas del Himno) es totalmente distinta a las escritas en las partituras que se conservaban hasta ese momento[138]. Si observamos las partituras H-v.1977 y H-v.1979, vemos que aparece escrito de la misma forma, es decir, negra-blanca-negra. Albero, sin embargo, deja el primer tiempo del compás igual (dos corcheas) pero cambia el resto, dejando escrito negra ligada a corchea seguida de tres corcheas más:

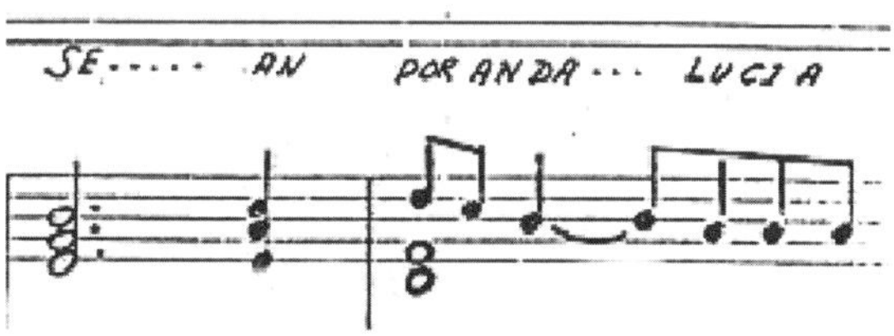

Figura 45: compás 29 versión Albero.

138 Hay que recordar que en ese momento se conocían solo las partituras H-v.1977 y H-v.1979.

La melodía de la coda de la primera versión es muy fiel a las partituras preexistentes del Himno. Por su parte, el acompañamiento sí sufre modificaciones tanto en la armonía como en el ritmo, especialmente en la clave de fa, sustituyendo el motivo rítmico de las partituras históricas por el mismo motivo con el que inició la pieza:

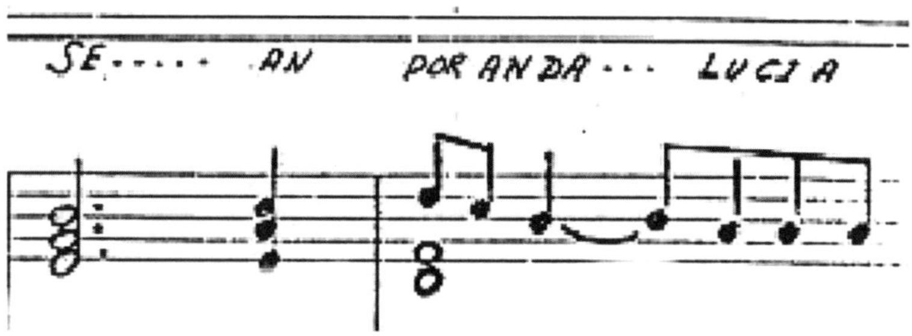

Figura 46: coda de la primera versión del Himno de Albero.

Ya hemos puesto de relieve en el inicio de esta versión que José Albero escribe una primera en 1979 y otra, tres años más tarde. Además del cambio en la indicación metronómica ya reseñada, creemos importante comentar dos cambios que a nuestro juicio son relevantes. Por una parte, si nos fijamos en el compás 25 de la primera versión (compás 21 de las partituras históricas del Himno), vemos que en la última corchea de la melodía, la nota *la* aparece bemol. Esta mismo nota, en la segunda versión, aparece como becuadro:

Figura 47: compás 25 en la primera versión Albero.

Figura 48: compás 25 en la segunda versión Albero.

Esta disparidad entre una y otra puede deberse a dos motivos. El primero de ellos es que haya sido un error del compositor a la hora de escribir la partitura y olvidara colocar el becuadro. El segundo, y más plausible a nuestro juicio, es que cuando Albero escribe la primera versión solo conoce la partitura H-v.1977. En dicha partitura, ese compás aparece con la nota la sin alteración, por lo tanto, bemol. Sin embargo, cuando escribe su segunda versión (1982), ya se conoce la segunda partitura del Himno (H-v.1979), donde esa nota aparece con un becuadro, lo que induce al maestro Albero a cambiar, en su segunda versión, ese compás:

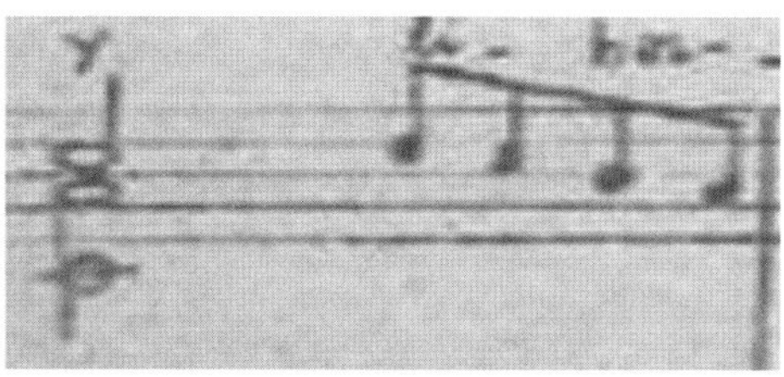

Figura 49: compás 21 H-v.1977 (25 en la versión de Albero).

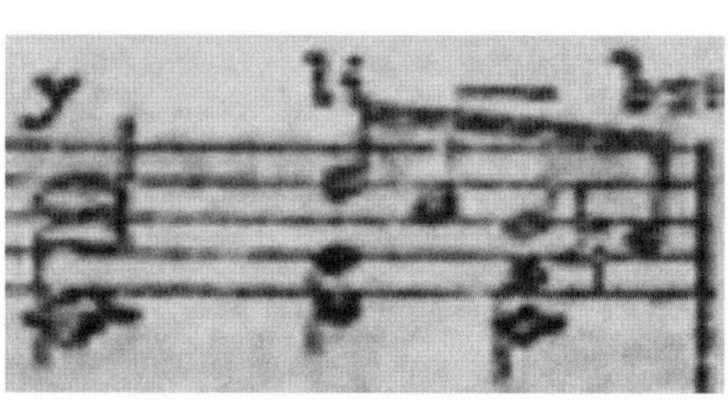

Figura 50: compás 21 H-v.1979.

La segunda diferencia reseñable entre una versión y otra es lo escrito en la coda. Esta se ve ampliada en tres compases (pasa de tres a seis) y la melodía cambia por completo. La textura se vuelve homofónica, formada por redondas y blancas, en toda la banda. La armonía también sufre cambios, como puede verse en la cadencia final, sobre el enlace II-I a diferencia de la versión primogénita, IV-I:

Figura 51: coda de la segunda versión de Albero.

Himno de Andalucía (V. Sanchís[139]): Esta versión es estrenada el 1 de diciembre de 1980 en un concierto de música andaluza celebrado en el salón de actos de la delegación de

139 Vicente Sanchís (1939-): músico valenciano, ha sido director de la Banda Municipal de Música de Huelva. Es hijo adoptivo de Isla Cristina desde 1979.

trabajo de Huelva e interpretada por la banda municipal de música de dicha localidad, de la cual era director en esos momentos Vicente Sanchís, junto al por entonces famoso grupo de pop español Jarcha, quienes serían los encargados de interpretar la letra. Esta versión, junto a la realizada por Manuel Castillo, es quizás la que más diferencias tiene en cuanto a la instrumentación con la original. Si bien es cierto que se respeta el compás y la tonalidad de la partitura original, Sanchís añade una introducción de once compases[140], antes de comenzar los compases que dan comienzo a nuestro Himno.

140 La Banda Municipal de Sevilla grabó en el año 2005 un concierto en el que se interpretan diferentes versiones para banda de música del himno de Andalucía.

Figura 52: introducción de la versión de Sanchís.

Por su parte, la melodía en el compás 18 (compás 6 en las partituras históricas), aparece con una redonda, copiando de esta forma lo realizado por Albero en su versión un año antes.

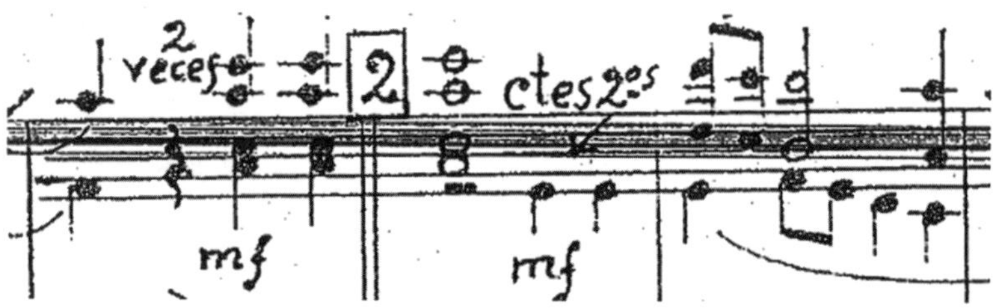

Figura 53: compás 18 de la versión del Himno de Sanchís.

El compás 36 (compás 25 en las partituras históricas), presenta discrepancias entre lo escrito en el guion y las partichelas. Si hacemos caso a lo escrito en el guion, el compás 36 se resuelve con tres corcheas la-sol-la. Si hacemos caso a lo escrito en las partichelas, se resuelve con tres corcheas la-la-la, algo que ya vimos en la partitura de Albero:

Figura 54: compás 36 guion Himno Sanchís.

Figura 55: compás 36 partichela Himno Sanchís[141].

Por último, la coda escrita por Sanchís presenta notables diferencias con la escrita por Albero. Por un lado, la extensión es más corta. Si en la versión anterior encontramos una coda con seis compases, en esta son cinco compases lo que la conforman. Por otro lado, Sanchís no utiliza para su coda ninguno de los elementos de las partituras conocidas hasta ese momento[142]. El compositor valenciano comienza usando el motivo empleado en el principio del estribillo al que le siguen escalas en semicorcheas en los instrumentos de viento madera acompañadas por las corcheas de los metales, creando de esta forma el proceso cadencial final, resuelto en

141 Se ha tomado como referencia la partitura de flauta, al estar en el mismo tono que el guion.

142 Hay que recordar que en ese momento se conocían solo las partituras H-v.1977, H-v.1979 y la versión para banda de José Albero.

un acorde de tónica con séptima, novena y onceava, dando la sensación de que la pieza queda inconclusa:

Figura 56: coda de la versión del Himno de Sanchís.

Para finalizar con la versión de Sanchís, creemos conveniente detenernos en el estribillo. A diferencia del resto de versiones, es la única en la que el estribillo comienza con dos figuras (dos blancas en este caso), en lugar de una (normalmente redonda si es compás de compasillo o blanca si el compás es de dos por cuatro), seguido por un compás con cuatro negras en lugar de la figuración negra-negra-blanca y negra-blanca-corcheas, escritas tanto en las partituras históricas como en el resto de versiones.

Figura 57: extracto del estribillo de la versión de Sanchís.

Himno de Andalucía (M. Castillo[143]): a mediados de los años ochenta, la Junta de Andalucía decide encargar al músico sevillano Manuel Castillo Navarro-Aguilera un arreglo del himno en varias versiones, desde coro hasta orquesta pasando por banda de música o piano. Manuel Castillo fue un importantísimo compositor sevillano del siglo XX, catedrático de piano, nombrado hijo predilecto de Andalucía en 1988 y director del Conservatorio Superior de Música de Sevilla, el cual hoy lleva su nombre. Estrenada en Sevilla en 1985 por la Orquesta Bética Filarmónica y grabándose en CD en 1987 por la Banda Municipal de Sevilla, la propia Orquesta Bética Filarmónica y el Coro San Felipe Neri, llaman la atención los esfuerzos que hace el compositor sevillano por sortear los problemas que presenta la letra del Himno al unirlo a la música llegando incluso a modificar algunas figuraciones rítmicas del Himno original, que lo hacía más sencillo para cualquier intérprete sin formación vocal.

La versión de Castillo es una versión más libre del Himno. La tonalidad elegida es re mayor a diferencia de mi bemol de la original, el compás es dos por cuatro y la indicación del aire es «*maestoso*» en lugar de «Lento», a una velocidad de negra entre 50 y 60 rpm. La introducción, que guarda cierta similitud con la escrita por Albero, tiene una extensión de cinco compases, realizada por los instrumentos de viento metal (excepto los bombardinos) y la percusión:

143 Manuel Castillo (1930-2005): compositor sevillano, fue director del Conservatorio Superior de Música de Sevilla desde 1964 hasta 1978. Entre sus galardones se encuentra ser hijo predilecto de Andalucía (1988) y premio nacional de música en 1959 y 1990.

Figura 58: introducción de la versión de Manuel Castillo.

El compás 11 (se corresponde con el compás 6 de las partituras históricas) es totalmente diferente a lo visto anteriormente. Castillo cambia la rítmica melódica al escribir negra con puntillo corchea, algo que no se había visto en ninguna de las partituras. Por otra parte, la unión que hace de texto y música también es distinta. En las versiones anteriores, tanto en las partituras históricas como en las versiones para banda[144], la palabra «vuelve» se cantaba sobre la anacrusa (dos negras) del compás 6, sin embargo, Castillo escribe un pequeño melisma en la anacrusa de ese compás, lo que alarga la palabra hasta el siguiente compás finalizando con la preposición «tras» en la última corchea del compás 11:

144 Hay que recordar que cuando Manuel Castillo escribe su Himno de Andalucía solo existían las versiones para banda de Albero y Sanchís.

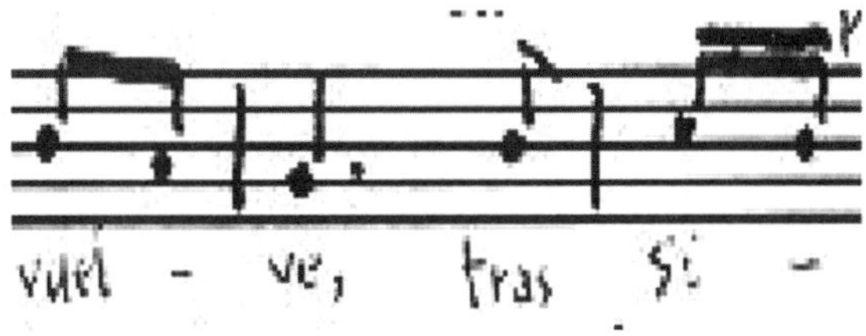

Figura 59: compás 11 de la versión de Castillo[145].

La melodía en el compás 33 (compás 25 de las partituras históricas) es similar a lo visto en las versiones realizadas por Albero y Sanchís. Rítmicamente las tres versiones son iguales, sin embargo, melódicamente encontramos una pequeña diferencia en la versión que nos ocupa. Castillo escribe cuatro corcheas, la primera aparece ligada al tiempo anterior (esto es igual que en versiones ya comentadas) y para las tres restantes escribe la-sol-sol a diferencia de otras versiones donde las tres corcheas finales eran la misma nota:

Figura 60: compás 33 de la versión de Castillo.

Por último, la coda escrita por Castillo es la más corta en extensión de las comentadas hasta ahora, con tan solo tres compases. La textura se vuelve homofónica en prácticamente toda la banda, con una melodía muy similar a la escrita por Albero y por tanto, a las partituras históricas del Himno[146]. Cabe reseñar el motivo que interpretan los timba-

145 Se ha tomado como ejemplo la partichela de voz.

146 Hay que recordar que la coda escrita por Albero en su primera versión del

les en el penúltimo compás, similar a lo escrito en la introducción de las partituras históricas y la cadencia plagal, subdominante-tónica, con la que concluye:

Figura 61: coda de la versión de Castillo.

Himno de Andalucía (Ruzafa[147]): en el año 2000, con la ocasión de la grabación del disco *Historia sonora del himno andaluz* por parte de la Banda Municipal de Granada, el cate-

Himno es muy similar a la escrita en las partituras históricas.

147 Miguel Sánchez Ruzafa (1956-): músico valenciano, ejerció el cargo de director de la Banda Municipal de Granada desde 1984 hasta su jubilación. En su labor docente, fue catedrático de armonía del Conservatorio Superior Victoria Eugenia de Granada.

drático de armonía del Conservatorio Superior de Música de Granada y director de la banda municipal de música de dicha ciudad, Miguel Sánchez Ruzafa, realiza una nueva instrumentación del himno de Andalucía. Esta versión, interpretada mayormente por la zona de Granada, tiene en común con la original tanto el tono en la que está escrita (mib mayor) como el compás (dos por dos o compás de compasillo). La introducción consta tan solo de dos compases y es completamente diferente a las partituras primigenias y a las escritas en otras versiones para banda de música. Ruzafa crea su introducción solo con los instrumentos de viento metal y percusión de la banda, con un motivo rítmico melódico que va apareciendo en diferentes partes del Himno:

Figura 62: introducción de la versión de Ruzafa.

El compás 7 (se corresponde con el compás 6 de las partituras históricas) aparece escrito negra-blanca-negra, creando una sensación de síncopa en la melodía. Esta figuración rítmica no ha sido usada en ninguna de las versiones anteriores ni tampoco guarda relación con las partituras históricas del Himno. La unión música-texto se ve también afectada. A pesar de que no disponemos de la partitura de voz y en los guiones encontrados no aparece la letra, gracias a documentos sonoros podemos conocer cómo resuelve el autor la unión de la música y el texto en dicho compás[148]. Ruzafa escribe la preposición «tras» en el compás 7 con un melisma que abarca todo el compás para resolver en el siguiente con la palabra que le sigue en el Himno (en este caso «siglos»). Este melisma lo volvemos a escuchar cuando repite con la palabra «sol»:

Figura 63: compás 7 de la versión de Ruzafa.

148 La versión de Ruzafa puede oírse en el CD titulado *Historia Sonora del Himno Andaluz*, pista 6, y en la grabación realizada con motivo de la interpretación de las diferentes versiones del Himno para banda, llevada a cabo por la Banda Municipal de Música de Sevilla en el año 2009.

El compás 27 (se corresponde con el compás 25 de las versiones históricas), está escrito, melódicamente, exactamente igual que en las partituras H-v.1977 y H-v.1979, sin embargo, la unión del texto con la música es diferente, uniendo una sílaba a cada nota (excepto en «España», donde relaciona dos sílabas a una nota), solventando las dificultades que presenta en las partituras históricas. Debido a la dificultad que plantea explicar de forma escrita la conjunción que hace Ruzafa en cuanto a la música y el texto hemos editado ese compás escribiendo la letra sobre la música tal y como suena en las grabaciones para, a continuación, compararlo con las partituras históricas para una mejor comprensión.

Figura 64: unión música texto compás 27 de la versión de Ruzafa.

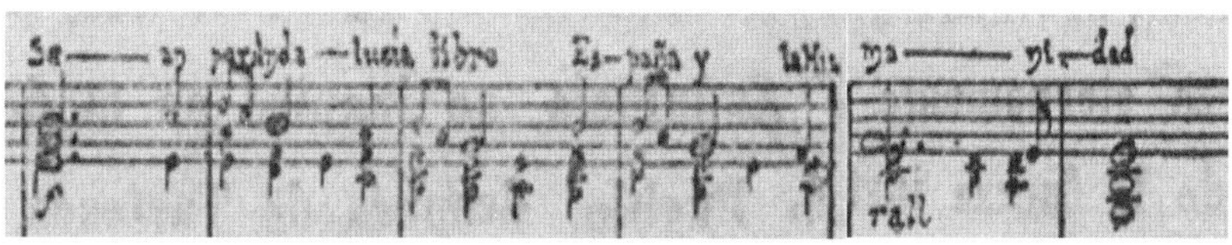

Figura 65: unión música texto compás 25 partitura H-v.1979.

Por último, parece evidente que Ruzafa no tiene tan en cuenta las versiones bandísticas que le preceden, más bien toma como fuente las partituras históricas. Otro ejemplo de ello es la melodía de la coda muy similar a la melodía de la coda de las partituras H-v.1977 y H-v.1979 y, por ende, a la primera versión de Albero. La diferencia con Albero se encuentran en el motivo, a modo de fanfarria, de los metales ya comentado anteriormente y en el motivo que realizan los tubas, realizando un pasaje rítmico muy similar al escrito en las partituras históricas:

Figura 66: motivos de los instrumentos de viento metal en la coda de la versión de Ruzafa.

Himno de Andalucía (J. Molina Comino[149]): armonizado por el músico cordobés José Molina Comino, respeta la tonalidad original de mi bemol mayor, así como el compás de dos por dos de la partitura original. La conjunción melódica de esta versión está creada a través de la fusión de las versiones de Manuel Castillo, Albero y Ruzafa. La introducción es muy similar a la que instrumentó en los años 80 Manuel Castillo, de ahí que sea fácil confundir ambas versiones. Lo que la diferencia con la versión de Castillo, además del compás, es la armonía, mucho más sencilla en la partitura de

149 José Molina Comino: músico cordobés fundador de la Banda Municipal de Almedinilla.

Molina con acompañamientos mayoritariamente en negras y blancas.

Figura 67: introducción del Himno versión Molina.

La primera parte, hasta el estribillo, es muy parecida a lo escrito por Albero en su primera versión. La segunda, a partir del mismo, toma los elementos comentados anteriormente en la versión de Ruzafa, para finalizar con la coda escrita por Albero en su segunda versión del Himno. Los elementos a comentar ya han sido puestos de relieve en otras versiones, por lo que no creemos conveniente volver a repetir lo mismo. Sin embargo, sí creemos interesante llamar la atención sobre el compás 24 (compás 21 de las partituras históricas). En la partitura de Molina, la última corchea que aparece en la melodía de dicho compás está sin el becuadro, algo que solo se ha visto en la primera versión escrita por José Albero. En la actualidad, suele interpretarse por la zona de Córdoba y Jaén.

Figura 68: compás 24 versión J. Molina.

Himno de Andalucía (Francisco Herrera Mijez[150]): la versión realizada por Herrera es la más reciente de las encontradas. La particularidad de esta versión es que, según su propio autor, es una adaptación procesional del himno andaluz[151]. Esta partitura solo se interpreta a la salida y entrada procesional de la hermandad sevillana conocida como El Cerro, afincada en el barrio del Cerro del Águila de Sevilla, todos los Martes Santo. La versión de Herrera mantiene tanto la tonalidad como el compás original, sin embargo, la velocidad a la que se interpreta es sustancialmente más rápida que el resto de versiones[152]. Una vez comienza el himno de Andalucía, lo que la hace diferente al resto es el uso de una armonía con cierto tintes flamencos y un contrapunto, por bombardinos y saxos, muy presente en toda la obra.

La introducción que realiza Herrera Mijez abarca una extensión de ocho compases, comenzando con el salto de quinta del comienzo del estribillo a lo que le añade material melódico propio con el que enlaza el comienzo del tema A del Himno.

Figura 69: extracto de la introducción de la versión de Herrera Mijez.

150 Francisco Herrera Mijez (1954-): músico y «cantaor» sevillano.

151 Dicha versión puede consultarse en: https://www.youtube.com/watch?v=0JZAV39n59A

152 El aire escrito en la partitura es *allegro*.

La melodía del compás 13 (se corresponde con el compás 6 en las partituras históricas) es idéntica a lo ya comentado en versiones como las dos de Albero, Sanchís o Molina. La conducción melódica del compás 40 (se corresponde con el compás 25 de las partituras históricas) está escrita de forma idéntica, en cuanto a ritmo se refiere, a las demás versiones, sin embargo, tiene una diferencia, a nuestro juicio, importante. En este caso, el compás finaliza con tres corcheas, como la mayoría de las versiones, sin embargo, lo que lo hace particular es que Herrera no escribe esas tres corcheas finales sobre la misma nota, sino que varía la corchea que está en medio escribiendo la-sol-la:

Figura 70: compás 40 de la versión de Herrera Mijez.

La coda, con una extensión de nueve compases, recrea la introducción del Himno para concluir con una cadencia perfecta, dominante-tónica, y dos compases donde la banda en su totalidad ejecuta una redonda sobre un acorde de tónica:

Figura 71: coda versión Herrera Mijez.

Al igual que ha ocurrido en otras versiones creemos oportuno comentar dos compases que son de interés. Por un lado, en la melodía del compás 27 (compás 13 de las partituras históricas) aparecen escritas cuatro negras en lugar de negra, negra, blanca.

Por otra parte, en el compás 36 (compás 21 de las partituras históricas), volvemos a observa la última corchea de la melodía, sin becuadro:

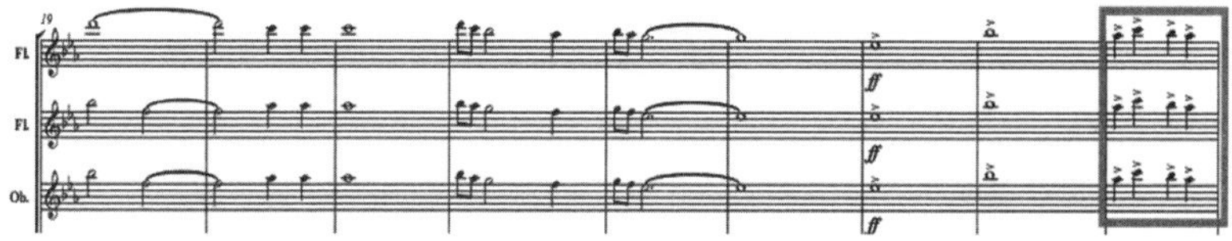

Figura 72: compás 27 versión Herrera Mijez.

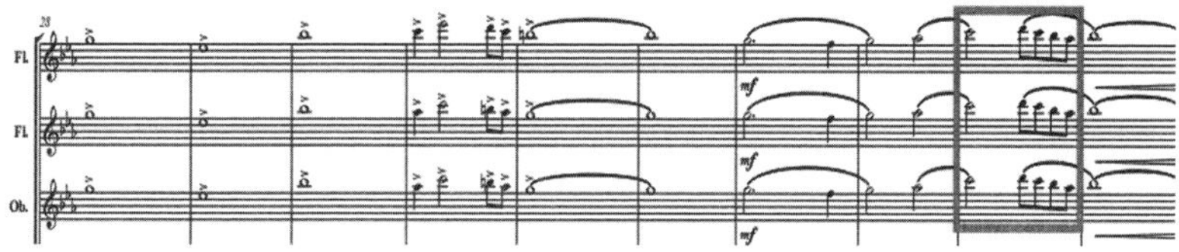

Figura 73: compás 36 versión Herrera Mijez.

Himno de Andalucía (Campoy[153]): instrumentada por el músico almeriense Antonio Campoy Molina, fue estrenada en el II Congreso de Bandas de Música celebrado en Cuevas de Almanzora en el año 1986. Más tarde, volvería a interpretarse en la puerta del pabellón de Andalucía dentro de la Exposición Universal de Sevilla (EXPO) en 1992, por la banda creada por la Federación de Bandas de Música Almeriense (FEDERBAND) para tal efeméride. La versión que nos ocupa está escrita en compás de dos por cuatro en la tonalidad original. La introducción abarca cinco compases. Si nos fijamos en la melodía, observamos que Campoy introduce el comienzo del estribillo como material introductorio. Por otra parte, el acompañamiento viene marcado por una pedal de tónica durante los compases que abarca la introducción:

153 Antonio Campoy Molina fue director de la banda de música de Cuevas de Almanzora (Almería) durante dieciséis años.

Figura 74: introducción de la versión de Campoy.

El compás 11 (se corresponde con el compás 6 en las partituras históricas) sigue lo ya comentado en las versiones de Albero, Sanchís o Molina. La melodía del compás 32 (se corresponde con el compás 25 de las partituras históricas) está escrita de forma similar a lo comentado en la versión de Herrera Mijez:

Figura 75: compás 32 de la versión de Campoy.

La coda escrita por Campoy es la más peculiar y llamativa de todas. Con una extensión de once compases, está escrita en compás de seis por ocho construido sobre material rítmico melódico creado por el autor, sin tener conexión alguna con todo lo anterior:

Figura 76: coda de la versión de Campoy.

Para concluir, dos son los elementos que llaman la atención de la versión de Campoy. Por un lado, la peculiar instrumentación del músico almeriense, totalmente libre y sin relación alguna con las partituras históricas y, por otro lado, la última corchea de la melodía del compás 28 (se corresponde con el compás 21 de las partituras históricas) aparece sin becuadro:

Figura 77: compás 28 de la versión de Campoy.

Himno de Andalucía (Luis Bedmar[154]): Luis Bedmar fue un músico granadino, profesor del Conservatorio Superior de Música de Córdoba durante muchos años. Dirigió la banda municipal de música de dicha ciudad entre 1974 hasta 1988, año en que se transformó en orquesta. No sabemos en qué año exacto instrumentó la partitura del Himno, aunque sabemos que fue interpretada en un concierto extraordinario con motivo de la celebración del Día de Andalucía en el Alcázar de los Reyes Cristianos por la Orquesta de Córdoba un 28 de febrero de 1991. Al estar escrita para orquesta sinfónica, no nos detendremos en esta versión ya que no es el objeto de estudio que nos ocupa, sin embargo, hemos creído

154 Luis Bedmar Encinas (1932-2021): músico granadino, director de la Banda Municipal de Música de Córdoba y de la Orquesta de Córdoba. Nombrado ateneísta de honor en 1999.

oportuno incluirla al estar compuesta sobre la melodía original del Himno.

Como se puede observar son muchas las versiones que se interpretan a lo largo de la geografía andaluza, por lo que creemos que sería conveniente que las autoridades fijasen una versión como oficial y fuese esa la que se interpretara en todos los actos en los que suene el himno de Andalucía.

3.3. Otras versiones

La bandera blanca y verde vuelve tras siglo de guerra y, cada 28 de febrero, se levanta con especial orgullo en Andalucía. Son muchas y muy variadas las versiones que se han interpretado del Himno a lo largo del tiempo, desde el punk hasta el flamenco, pasando por el pop o el rock entre otros. Los flamencos se han acercado a él con la misma devoción que las estrellas del pop rock nacional, los grupos de sevillanas y rumbas y las máximas figuras de la copla. Todos lo han hecho en su diversidad para dejarnos un mosaico que habla de la riqueza de una tierra imposible de retratar desde la simplicidad. Recabar todas las versiones del Himno que, a día de hoy, se han venido haciendo resultaría prácticamente imposible. Por ello, haremos una selección de las versiones que más han llamado la atención desde que se volviese a escuchar allá en los albores de los años setenta. Comenzaremos este repaso por la versión de flamenco. En el año 2003, Manuel Curao, periodista de Canal Sur, tuvo la idea de versionar el himno en diferentes palos del flamenco, doce en concreto, adaptando para cada uno de ellos tanto la música como la letra y siendo interpretados por grandes figuras andaluzas del flamenco. El proyecto era simple pero de locos como llegó a decir la consejera de Cultura de la Junta de aquella época Rosa Torres[155]. Dos años después de la propuesta y gracias al

155 «Grandes figuras del flamenco versionan en un disco el himno de Andalucía». (22 de febrero de 2005). *ABC de Sevilla*. https://www.abc.es/

apoyo de la Agencia Andaluza del Flamenco, dependiente de la Consejería de Cultura de la Junta, el proyecto en la que se aunaba la tradición y las voces más importantes del flamenco vería la luz con la publicación de un disco bajo el título de *Flamenco por Andalucía, España y la Humanidad.* La grabación corrió a cargo de la productora Szena bajo la supervisión de Isidro Muñoz en la producción.

El CD comienza con una bulería interpretada por Paco de Lucía con los jerezanos Fernando de la Morena y Capullo de Jerez. Le sigue *Mineras* llevada a cabo por la guitarra de Tomatito, en representación de Almería, con una versión por tarantas y cartageneras junto a su hija M.ª Ángeles y J. A. Amargós. *Soleá* será la tercera pista del disco interpretada por el insigne cantaor gaditano José Mercé junto a Juan Peña el Lebrijano. Repite la provincia de Cádiz con las *Alegrías* cantadas por Chano Lobato al alimón con el coro de Julio Pardo. El viaje musical del Himno por tierras andaluzas continúa por la provincia de Granada con unas *Seguiriyas,* donde por primera vez, Enrique y Estrella Morente, junto a Diego del «Morao», unen sus voces en una grabación para cantar el texto legado por Blas Infante. La siguiente pista nos lleva hasta Sevilla, con las *Bulerías* interpretadas por el pianista Dorantes y la cantaora Esperanza Fernández. A continuación, encontramos al cantaor Fosforito, quien interpreta *Fandangos de Lucena* con el toque de José Antonio Rodríguez en representación de Córdoba. Para la representación malagueña, se recurre a una panda de verdiales que remata sus fandangos con una jabera del Bonela. De vuelta a Granada, escuchamos unos *Tangos* en la voz de la cantaora granadina Marina Heredia junto al guitarrista José Quevedo el Bolita. Siguiendo la ruta, por Jaén aparece Carmen Linares que, junto a la guitarra de Manolo Sanlúcar, inserta las estrofas por tarantas. La representación onubense recae en el cantaor Francisco José Arcángel «Arcángel», quien recupera por

---

sevilla/cultura/sevi-grandes-figuras-flamenco-versionan-disco-himno-andalucia-200502220300-20769144338_noticia.html

Fandangos el toque del Niño Miguel treinta años después. El disco concluye con una versión orquestal que Manolo Sanlúcar pone en pie con la ayuda de Joan Albert Amargós.

Tenemos que remontarnos hasta el año 1993 para encontrar una de las versiones más conocidas del Himno a nivel popular. Rocío Jurado canta un arreglo por tarantos[156] realizado por Jesús Bola, en la película *La Lola se va a los puertos*. La película dirigida por Josefina Molina es una adaptación libre de la obra de teatro del mismo nombre, y a su vez versión de una película de 1947 protagonizada por Juanita Reina, escrita por los hermanos Antonio y Manuel Machado en 1929. La cinta no tuvo buenas críticas, sin embargo, dejó para el recuerdo la imagen de la cantante gaditana estrenando el Himno ante un público netamente andalucista y en el mismo Círculo de Artistas de Ronda donde se celebró la histórica Asamblea Andalucista de 1918. Según Miguel Arnaiz, la versión de Jurado incluye algún giro melódico en el modo frigio y parece con ello buscar una apelación al sentimiento andaluz a través de sus tópicos musicales. Para Arnaiz, la versión de Bola y Jurado adecua la música al texto de forma magistral[157]. En ese mismo año, aparece una versión punk cantada por el grupo sevillano Reincidentes con título «Andaluces, levantaos» incluida en su álbum *Sol y Rabia*[158]. Para continuar con otras versiones que han calado en la sociedad andaluza, tomaremos como referencia la gala del Día de Andalucía que se celebra todos los 28 de febrero en Sevilla, donde la Junta entrega unos galardones a personas y entidades que han destacado por su labor en diversos ámbitos. En dicha gala, artistas andaluces de reconocido prestigio interpretan el Himno en vivo para cerrar el acto.

---

156 El taranto es un palo del flamenco originario de la provincia de Almería. Desciende de la taranta y se distingue de ella en que se atiene ligeramente a un compás, lo que hace posible el baile.

157 Arnaiz Molina, M. (2019). *Una historia del himno de Andalucía: de Blas Infante a Rocío Jurado*. Trabajo fin de grado. Madrid, Universidad Complutense de Madrid, p. 52

158 *Sol y Rabia* (1993), Discográfica Disco Suicidas, pista 13.

Comenzaremos por la artista sevillana Pastora Soler. Interpretada en la gala de 2019, Pastora nos trasladó una versión íntima y emocionante, solo acompañada por un piano, que tuvo grandes elogios por parte de la prensa[159]. Al año siguiente, encontramos la versión de la malagueña Vanesa Martín, acompañada por su guitarra, en una conmovedora versión de la obra. La cantaora Estrella Morente nos dejaría una de las versiones más emotivas al interpretar el Himno en una versión flamenca como homenaje a la muerte del guitarrista Paco de Lucía, fallecido días antes de la gala de 2014. Otra versión flamenca con gran aceptación fue la realizada por el cantaor onubense Arcángel en la gala de 2016. Al año siguiente, repetiría pero esta vez acompañado por la artista cordobesa India Martínez en una vibrante interpretación acompañados de otro «tocaor» flamenco distinguido con la medalla andaluza, el guitarrista Paco Cepero.

Artistas como Raphael, Alejandro Sanz o David Bisbal también han entonado las notas de la melodía armonizada por José del Castillo. Raphael, jienense de nacimiento, lo hizo, no sin polémicas[160], en la gala celebrada en 2021. Al año siguiente, sería el cantante nacido en Madrid, aunque de padres andaluces y corazón gaditano como él mismo ha reconocido en alguna ocasión, Alejandro Sanz, el que cantara una bella versión del Himno acompañado al piano por el gaditano Manuel Alejandro Beigbeder, en la que también se le impuso la insignia andaluza. Por su parte, el almeriense David Bisbal fue el galardonado con la medalla de Andalucía en la gala de 2023 en la que interpretó el Himno

159 «Pastora Soler emociona con su interpretación del himno de Andalucía». (28 de febrero de 2019). *Diario Sur.* https://www.diariosur.es/andalucia/pastora-soler-emociona-20190228194015-nt.html
«Una soberbia Pastora Soler emociona con su interpretación del himno de Andalucía». (28 de febrero de 2019). *El Correo de Andalucía.* https://www.elcorreoweb.es/andalucia/2019/02/28/soberbia-pastora-soler-emociona-interpretacion-104661391.html

160 Véase el epígrafe Polémicas y controversias del himno de Andalucía del presente trabajo.

en una versión «balada pop», dotándolo de un toque personal y diferente.

Fuera de las interpretaciones escuchadas en la gala conmemorativa del 28 de febrero, han sido muchas las versiones que se han realizado de nuestro símbolo. A pesar de no ser nacido en esta tierra, ni sus padres andaluces, el artista Miguel Poveda ha declarado en más de una ocasión su amor por Andalucía. Poveda cantó, en 2016, acompañado por un cuarteto de cuerdas en el Real Alcázar de Sevilla, el texto escrito por Infante. Años más tarde, el cantante malagueño Pablo López realizó una estremecedora versión en 2021 en el programa de Canal Sur *Tierra de Talentos*. En cuanto a grupos, también hemos de recoger algunas citas esenciales. De la coral Jarcha a los Amigos de Gines pasando por alguno más actual como el grupo Requiebros, que decidió grabarlo en 2011[161]. Por último, citaremos la versión realizada por Los Planetas junto a El niño de Elche que, aunque el texto de la canción es del *Santo Dios* y la canción se titula con el mismo nombre, la melodía es la misma que la del himno de Andalucía[162].

3.4. Otros himnos de Andalucía que nunca lo fueron

Como bien se ha podido comprobar en el apartado anterior, existen diversas versiones sobre un mismo Himno repartidas por toda Andalucía con un denominador común que no es otro que la partitura que nos legaron Blas Infante y José del Castillo. Sin embargo, no son solo esas versiones las que tienen relación con nuestra tierra. Es por ello que, durante este apartado, pondremos de relieve aquellas composiciones que guardan cierta relación con Andalucía, bien sea porque se

161 Grabado en su álbum *Pa Lante*. Publicado en 2012 por la discográfica Fonográfica del Sur, pista 10.

162 Grabada en su álbum *Fuerza Nueva* en el propio estudio de Los Planetas y publicado en 2019. Pista 1.

titulan *Himno a Andalucía*, por ser tomado durante mucho tiempo como himno (no oficial) o por la idea de algún compositor de crear su propio himno de Andalucía titulándolo de distinta forma.

La primera composición que ha sido atribuida como un himno de Andalucía data del año 1808 compuesta por el músico de capilla de la Catedral de Córdoba Jaime Balius y Vila, como atestigua Pedro Ruiz-Berdejo en el libro *Acta del XII Congreso sobre el Andalucismo Histórico*[163]. La partitura encontrada en la catedral cordobesa aparece tras el minucioso proceso de catalogación del archivo de dicha catedral, con más de 1.100 partituras desde el siglo XVI, en 1978. La partitura atribuida a Balius refleja el despertar del sentimiento andalucista en un momento histórico, marcado por la invasión napoleónica y la defensa que el pueblo andaluz hace de su tierra. Esta defensa a ultranza supuso la creación de un ejército de manos del coronel Echevarri, efeméride que fue el germen para que Balius compusiera su himno. El texto escrito por Balius dice así:

Nobles andaluces
Volad a mi voz
Y romped el fuego del usurpador.
Corred a las filas,
Corred con ardor
Que el gran Chevarria
Os promete honor.
Ya suena el clarín,
Oíd el tambor
Al arma, guerra
Y muera Napoleón [...].[164]

163 Ruiz-Berdejo, P. (2008): «Historia comparada del himno de Andalucía para su entronque definitivo en su Estatuto de Autonomía» en *Acta del XII Congreso sobre el Andalucismo Histórico*, editado por Pedro Ruiz Berdejo, p. 229, Sevilla, Fundación Blas Infante.

164 «Descubierto un himno de Andalucía de 1808». (05 de enero de 1980). *El Correo de Andalucía: sección Andalucía*, p. 5.

A pesar de que se ha referenciado a la partitura de Balius como un himno de Andalucía la realidad es bien distinta. Consultas realizadas para el presente trabajo al archivo de la Mezquita-Catedral de Córdoba demuestran que su nombre real es *Nobles andaluces*, encuadrado dentro de la obra *Canción patriótica* escrita a cuatro voces, con violines, flautas, trompas y acompañamiento. Si bien se ha atribuido a Balius su autoría, el archivo de la mezquita-catedral lo registra como anónimo, por lo que no queda claro que fuese Balius quien la compuso.

Puede resultar curioso que un pasodoble torero que no tiene letra y que no fue compuesto por ningún músico andaluz fuese elegido como himno no oficial por los andalucistas hasta 1936. *La Giralda*[165] es posiblemente uno de los pasodobles más conocidos dentro de la música española. Su compositor fue Eduardo López Juarranz, músico militar nacido en Madrid en 1844 y muerto en la misma localidad en 1897. Entre 1876 y 1878 fue director de la banda de música del Tercer Regimiento de Ingenieros de Sevilla y es aquí donde se cree que se inspira para componer su famoso pasodoble con motivo de las celebraciones previas a las nupcias que hubo en la capital de Andalucía entre Alfonso XII y María de las Mercedes de Orleans, la cual residía en Sevilla en esa época. Si bien es cierto que no se conoce la fecha exacta de su composición, lo que sí parece seguro es que fue interpretado en París durante la Exposición Internacional Industrial celebrada en 1889, siendo ahí donde adquiere gran relevancia. El propio compositor llegó a referirse a él como «marcha andaluza»[166]. *La Giralda* fue anunciada como himno oficial con motivo del izado de la bandera en la sede de la diputación hispalense en 1932 como se afirma en el artículo publicado por el periódico madrileño *La Crónica Meridional*[167]. El motivo que se esgrime en el artículo para oficializar este

165 Fue usado como himno de Andalucía durante medio siglo.
166 Así lo dejó recogido en la partitura el propio compositor.
167 «Se celebrará la Asamblea Regional Andaluza». (03 de noviembre de

pasodoble es que en sus acordes contiene los ritmos del canto popular andaluz, desde la malagueña hasta el fandanguillo de Almería. El *Diario de Jerez* también se hace eco de la oficialización en un artículo donde califica de «gran idea» el haber escogido la música de Juarranz como Himno[168]. La Comisión Organizadora de la Asamblea cordobesa llegó incluso a convocar un concurso literario para poetas andaluces donde se premiaba la mejor letra para cantar las glorias andaluzas con la música de *La Giralda*[169].

Enrique Iniesta atribuye como himno de Andalucía una obra de Jose Power Reta, hijo del pianista José Teobaldo Power Reta[170]. Aunque no se sabe la fecha exacta de la composición, una noticia aparecida en *La Correspondencia de España* en abril de 1913 relata que, durante el relevo de la Guardia Mora frente al Palacio Real, la banda del Regimiento de León, del que era director Power Reta, interpretó varias obras entre las que figuraba un pasodoble sobre motivos populares[171], por lo que es posible que fuese al que se refiere Iniesta. El pasodoble, sin texto, fue dedicado a la reina doña Victoria Eugenia[172].

Antes de que el Himno de Infante viese la luz allá por el año 1933, hubo una composición titulada *Himno a Andalucía*, que fue dedicada a la casa central de Andalucía de Madrid como así se refleja en la portada de la partitura. Compuesto

---

1932). *La Crónica Meridional*, p. 4. https://prensahistorica.mcu.es/es/catalogo_imagenes/grupo.do?path=1002585644

168 Arce, M. (16 de noviembre de 1932). «Ya tenemos bandera e himnos regionales». *Diario de Jerez*, p. 1

169 Hijano del Río, M y Ruiz Romero, M. (1995). *El ideal andaluz en la Segunda República. La Asamblea Regional Andaluza de 1933*. Sevilla. Fundación Blas Infante, p. 407.

170 Iniesta Coullaut-Valera, E. (2007). *Blas Infante, toda su verdad. 1931-1936*. Sevilla, Almuzara, p. 214.

171 «Las tropas moras». (14 de abril de 1913). *La Correspondencia de España*, p. 6. https://prensahistorica.mcu.es/es/catalogo_imagenes/grupo.do?path=1007613780

172 Victoria Eugenia de Bettenberg fue reina de España desde su matrimonio con Alfonso XIII (1906-1931).

en 1930[173], con música de Andrés María del Carpio y letra de Conrado Goettig, comienza con una introducción de 16 compases que nos lleva hasta el primer *andante* donde modula a re mayor y comienza la parte cantada. Con la llegada al *allegretto* del compás 51 empiezan las coplas, tres en este caso, con una pequeña sevillana de tres compases entre la segunda y tercera copla. Entre copla y copla aparece la indicación de hacer el salto de 𝄋 a «O» sirviendo de introducción entre ellas. Una vez finalizadas las coplas, se vuelve a modo de reexposición al *andante* que vimos en el compás 17 hasta llegar al *allegro* del compás 155 que sirve como coda para terminar la obra.

En la década de 1930 Manuel López Farfán era un músico militar con cierto renombre dentro del mundo cofrade sevillano al ser el compositor de marchas procesionales tan conocidas como *Pasan los campanilleros* (1924), *La estrella sublime* (1925), *La esperanza de Triana* (1925) o *El dulce nombre* (1925) entre otras. Poco después de jubilarse como músico mayor del Regimiento de Soria 9, al cual perteneció, traslada su residencia a la localidad sevillana de Coria del Río siendo aquí donde compone su propio himno de Andalucía el cual titula *Mi bandera andaluza* en el año 1933[174].

El 8 de enero de 1935 realiza una revisión: cambia el título por *La bandera andaluza* y elimina el texto anterior, sustituyéndolo por el texto de Tomás Orellana y Massa[175] a los que Farfán añade numerosos «vivas» para adecuarla a la partitura. No hay que olvidar que, en 1935, Infante residía también en Coria del Río por lo que es muy probable que el hecho de que el maestro Farfán compusiese su propio himno

173 «Un himno a Andalucía». (15 de octubre de 1930). *El Imparcial*, p.7. https://hemerotecadigital.bne.es/hd/es/viewer?id=9cc655b0-0b2a-4097-9489-f68de47398ea&page=7

174 Para consultar el texto de la obra consultar el libro: Castroviejo López, J. M. y Cansino González, J. I. (2023). *Farfanerías. Vida y obra de Manuel López Farfán*. Sevilla, Consejo General de Hermandades y Cofradías, p. 325.

175 Cabe recordar que el texto de Orellana y Massa aparece en la página 100 del presente trabajo.

de Andalucía guardase cierta relación con la presencia de Infante en dicho municipio. La partitura, que se encontraba perdida, fue hallada por Enrique García Muñoz[176], antiguo director de la banda de música de la Cruz Roja de Sevilla y músico de la banda municipal de dicha ciudad, en mayo de 1996 como así se refleja en el artículo publicado por el periódico *Diario de Sevilla*[177].

El himno de Andalucía escrito por Juan G. García Escobar llama la atención por la fecha en el que fue compuesto, 1965, durante la dictadura franquista. Sin embargo, habría que esperar hasta 1980 para poder escucharlo, en el disco titulado *Himno de Andalucía.* Como curiosidad, García Escobar era hermano del famoso cantante Manolo Escobar, quien interpretó muchas de las canciones que su hermano componía. La partitura en cuestión está escrita en la tonalidad de la mayor, en tiempo de marcha, con un carácter alegre donde el juego entre la voz y la música están presentes durante toda la pieza.

La primera composición con título *Himno de Andalucía* de la democracia fue realizada en 1977 por el compositor y pianista Manuel López Quiroga[178], conocido por ser, junto a Antonio Quintero y Rafael de León, el autor de numerosas canciones en el género de copla entre las que destacan *Ojos verdes* o *La zarzamora.* Esta versión fue un encargo del por aquel entonces teniente de alcalde del Ayuntamiento de Sevilla, José Jesús García Díaz, quien aprovechando que Quiroga iba a ser quien pusiese la música para la cabalgata

176 Enrique García Muñoz (1930-2014): fue director de la banda de la Cruz Roja desde 1963 hasta el 2005 y fundador de la banda de música de la sevillana localidad de Camas. Su actividad musical se complementó con una activa recuperación de partituras, sobre todo, del maestro Manuel López Farfán.

177 Carmona, M. (24 de mayo de 1996). «Recuperado *Mi bandera andaluza*». *Diario de Sevilla,* p. 18.

178 Manuel López Quiroga Miquel (1899-1988): músico sevillano hijo del también músico Manuel López Quiroga Clavero. Conocido por sus cuplés y por canciones tan famosas como *María de la O,* fue nombrado hijo adoptivo de Madrid en 1986.

de Reyes de 1978 le encargó que hiciera también una versión del Himno[179]. El propio compositor sevillano explica que su obra llevará un coro al principio y al final. En su comienzo, el coro estará formado por catorce voces del cuarteto, contralto, tenor y bajo y cantando catorce palabras única y exclusivamente, de la que es autor su propio hijo Manolo. Quiroga añade una sevillana metida en marcha, de modo que refleje en todo su trabajo la inspiración de las ocho provincias. Por último, la partitura que escribiese el maestro Quiroga, por lo que se desprende de lo publicado en el periódico, poco tenía que ver con la versión original que se conserva de las partituras históricas del Himno[180].

Para finalizar, creemos que es importante resaltar el número de versiones inscritas en el registro de la Sociedad General de Autores (SGAE) con el título de *Himno de Andalucía* basadas, algunas, en la melodía infantina y otras de autoría propia. La mayoría de las piezas están bajo dominio público, una la gestiona una compañía discográfica y las restantes son gestionadas por los propios compositores. Consultada la web de la propia SGAE, son trece las versiones registradas:

Título	Autor	Código	Versión
Himno de Andalucía	Albero Francés, José	432.237	Dominio público
Himno de Andalucía	Asián Almanza, Sergio	20.515.262	Coro
Himno de Andalucía	Bedmar Encinas, Luís	5.508.296	Dominio público
Himno de Andalucía	Blas Vega, José	141.084	Dominio público

179 «El maestro Quiroga ha compuesto la música para la cabalgata de Reyes Magos» (15 de noviembre de 1977). *ABC de Sevilla*, p. 37. https://www.abc.es/archivo/periodicos/abc-sevilla-19771115-53.html

180 En esos momentos solo se conocía la partitura H-v.1977.

Título	Autor	Código	Versión
Himno de Andalucía	García Escobar, Juan Gabriel	31.940	
Himno de Andalucía	Gluck Sarasibar, Jesús	141.084	Dominio público
Himno de Andalucía	Herrera Mijez, Francisco	13.793.873	
Himno de Andalucía	Jiménez Prieto, David	10.223.870	Dominio público
Himno de Andalucía	Navarro Más, Vicente	6.498.854	Dominio público
Himno de Andalucía	Pinilla Rogado, Pablo	10.223.870	Dominio público
Himno de Andalucía	Romero Monis, Juan Carlos	3.703.651	Dominio público
Himno de Andalucía	Sánchez Ruzafa, Miguel	4.534.778	

Figura 78: tabla resumen de las versiones del Himno registradas en la SGAE.

3.5. El Himno y la idiosincrasia andaluza: coyuntura y controversias

3.5.1. La música y su autoría: un debate abierto

Una de las cuestiones más extendidas hasta la actualidad es que José del Castillo ayudó al notario a escribir la partitura original, incluso hay películas, como *Una pasión singular*[181] basada en la vida de Blas Infante, en las que se le puede ver en un fotograma de dicha película con otra persona al piano componiendo el Himno. Si bien es cierto que no se dice el

181 Película basada en la vida y obra de Blas Infante, escrita y dirigida por Antonio Gonzalo cuyo estreno tuvo lugar en el año 2003.

nombre de la persona que está tocando el piano y tampoco hay una prueba de cualquier tipo que confirme ese hecho, la sociedad andaluza en general ha aceptado que esa persona es José del Castillo. Sin embargo, esta creencia popular presenta serias dudas. Tras una exhaustiva revisión de los archivos tanto municipales como familiares, sumados a sus propios testimonios, no hay constancia de que José del Castillo visitara nunca Coria del Río y, por ende, la casa de Blas Infante, Villa Alegría.

En aras de arrojar luz sobre si la partitura que se conserva pertenece a José del Castillo haremos una comparativa entre H-v.1977[182] y algunas de las partituras conservadas del mismo. El primer elemento que comparar es observar cómo escribe Del Castillo el símbolo de la 𝄋 en sus partituras. Si nos fijamos en su marcha *Camino del Gólgota*[183] (1938) dicha grafía musical aparece de la siguiente forma:

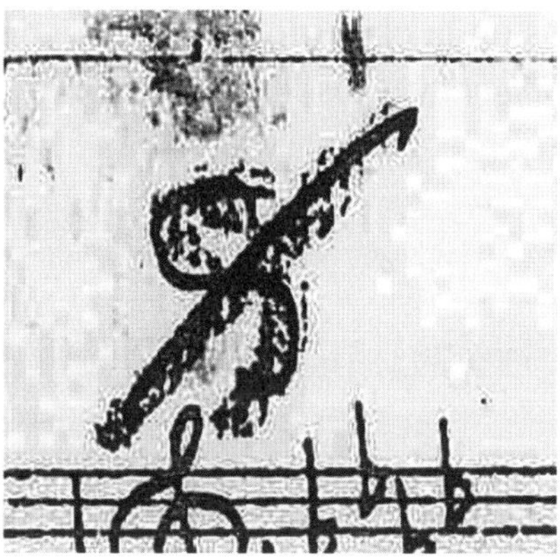

Figura 79: símbolo 𝄋 de la partitura *Camino del Gólgota* de José del Castillo.

Otro ejemplo de cómo escribe este símbolo está en su obra de baile andaluz *Guadalquivir* (1948):

182 Se ha tomado de referencia las partitura H-v.1977 al ser la única manuscrita.

183 *Camino del Gólgota* es la única partitura que se conserva casi al completo.

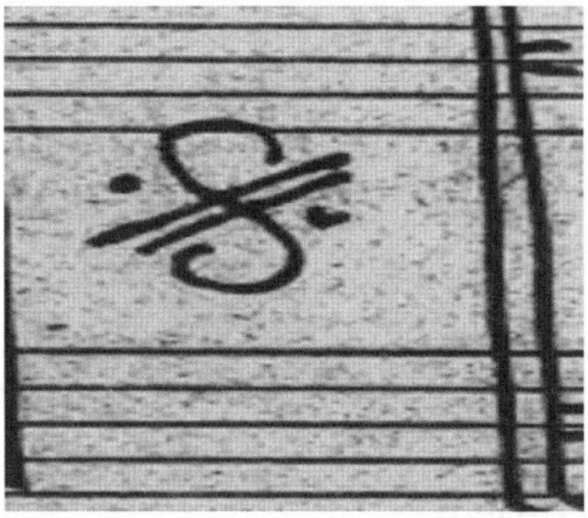

Figura 80: símbolo 𝄋 de la partitura *Guadalquivir* de José del Castillo.

Comparando ambas partituras con H-v.1990, se puede observar que en las partituras del músico sevillano dicho símbolo 𝄋 queda mirando hacia la derecha a diferencia de la partitura del Himno donde la 𝄋 queda mirando hacia la izquierda.

Otro factor que comparar es cómo escribe Del Castillo las plicas de las notas en la clave de fa. Usando de nuevo su marcha *Camino del Gólgota* vemos lo siguiente:

Figura 81: extracto partitura *Camino del Gólgota.*

En el pasodoble *Guadalquivir* escribe de la siguiente forma:

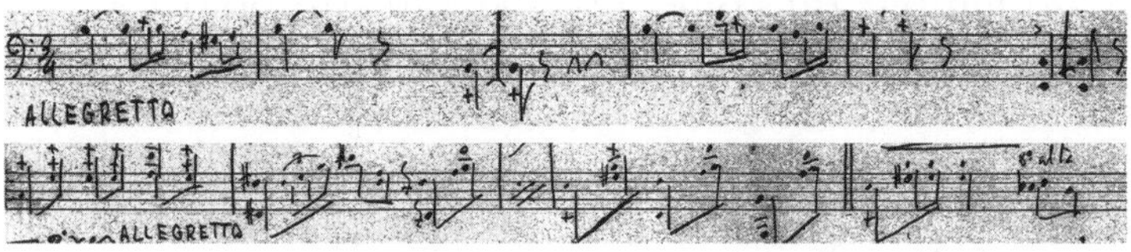

Figura 82: extracto partitura *Guadalquivir* de José del Castillo.

En *Sevillanas y Corraleras*, aunque las partituras se conserven en peor estado, se puede ver lo siguiente:

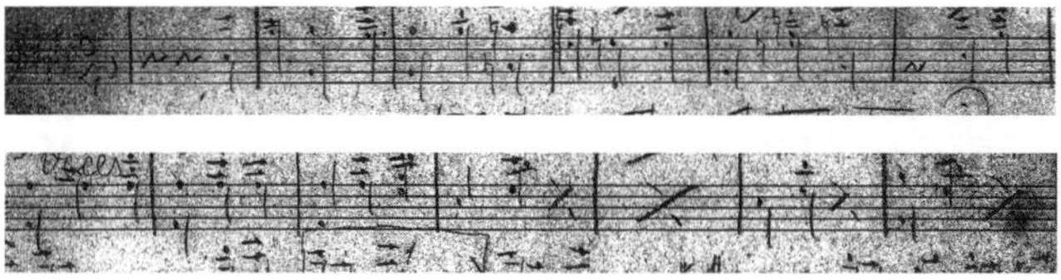

Figura 83: extracto partitura *Sevillanas y Corraleras* de José del Castillo.

Como se demuestra, Del Castillo suele colocar las plicas hacia abajo a diferencia de lo que ocurre en H-v.1977, que se mantienen siempre hacia arriba[184]. Por último y no menos importante, lo relacionado con la caligrafía de esta nueva partitura. Si en la original es más difícil el poder encontrar pistas más allá de las ya comentadas, en esta nueva partitura al ser manuscrita hay una que se antoja fundamental en la comparativa. Para ello, hay que prestar atención en el estilo de caligrafía de la partitura, es decir, el tipo de letra de la persona que la escribió. Es por ello que tomaremos la letra *b* como referencia, letra que aparece en la partitura en palabras como «bandera»[185] o «blanca»[186], comparándola con la forma en la que escribían la letra *b* el maestro Del Castillo.

En H-v.1977, la letra *b* aparece escrita de la siguiente forma:

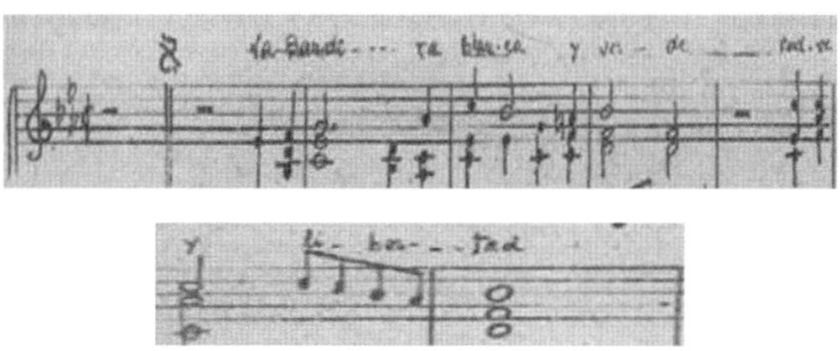

Figura 84: extracto de la partitura H-v.1977.

184 Esto es común en las cuatro partituras del Himno.
185 Compás 1.
186 Compás 2.

Para comparar la caligrafía de Del Castillo, usaremos las partituras que se conservan de él. En la marcha *Camino del Gólgota* escribe la letra *b* de la siguiente forma:

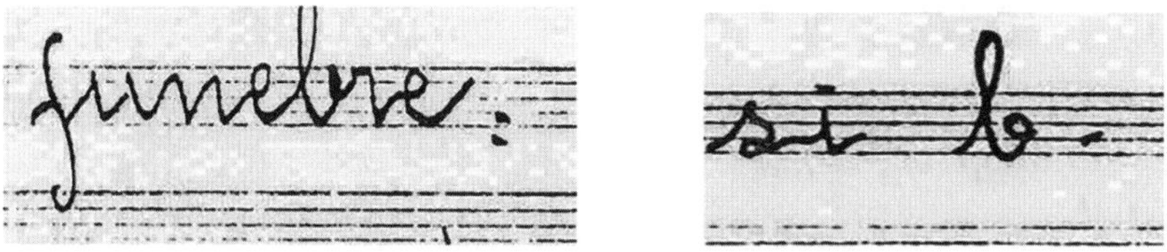

Figura 85: extracto de la partitura Camino del Gólgota.

Si observamos la portada de *Sevillanas y Corraleras*, la letra *b* aparece de forma similar:

Figura 86: extracto de la portada de *Sevillanas y Corraleras.*

Según Miguel Arnaiz, la letra *a* también presenta diferencias entre una partitura y otra. Para Arnaiz, la *a* del músico sevillano tiende a iniciar su trazo final en la parte superior derecha, frente al texto del himno donde dicho trazo consta en la inferior[187]:

187 Arnaiz Molina, M. (2019). *Una historia del himno de Andalucía: de Blas Infante a Rocío Jurado.* Madrid, Trabajo fin de grado, Universidad Complutense, p. 16.

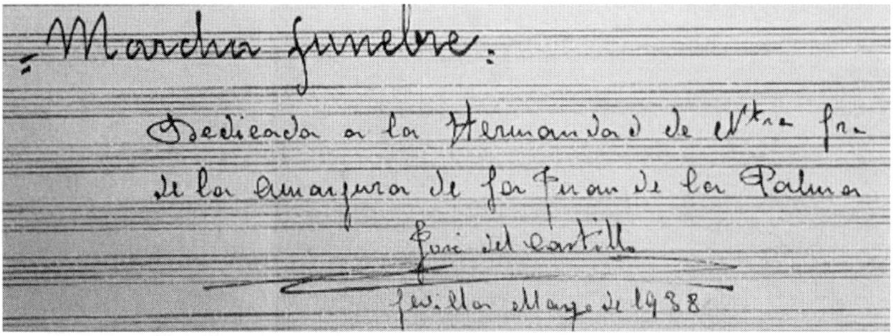

Figura 87: Dedicatoria manuscrita de José del Castillo Díaz en la marcha *Camino del Gólgota*. Archivo de la Hermandad de la Amargura de Sevilla.

Siguiendo con Arnaiz, si comparamos las partituras de José del Castillo con H-v.1977, encontramos notables diferencias tanto en el trazo, más fluido y seguro en Del Castillo, como en el estilo de notación. Como ejemplo, usaremos las claves del inicio del pentagrama[188] y los primeros compases tanto de *Camino del Gólgota* como del Himno:

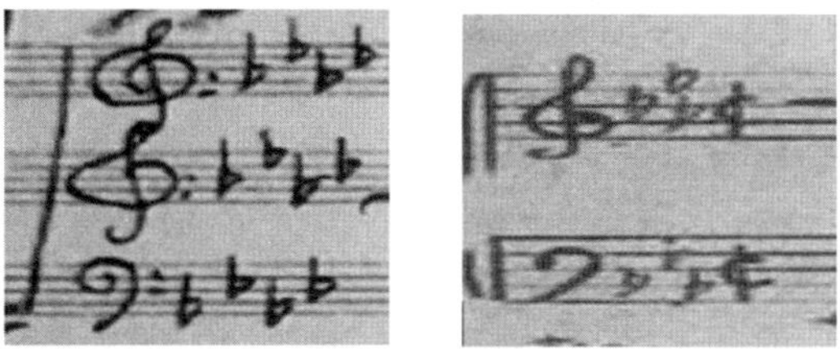

Figura 88: Comparativa entre el trazo de las claves de la partitura de José del Castillo y la partitura H-v.1977.

188 Arnaiz Molina, M. (2019). *Una historia del himno de Andalucía: de Blas Infante a Rocío Jurado.* Madrid, Trabajo fin de grado, Universidad Complutense, p. 16.

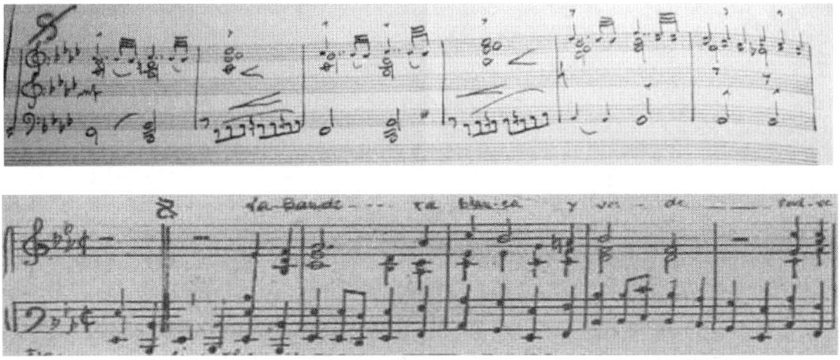

Figuras 89: primeros compases de *Camino del Gólgota* (arriba) y de la partitura H-v.1977 (abajo).

Comparando una y otra no se observan coincidencias con el tipo de letra José del Castillo. En cuanto a Blas Infante, tomaremos como referencia el diario personal, manuscrito de puño y letra, encontrado en su domicilio de Coria del Río. Al igual que hemos hecho anteriormente, nos detendremos a la hora de escribir la letra *b*:

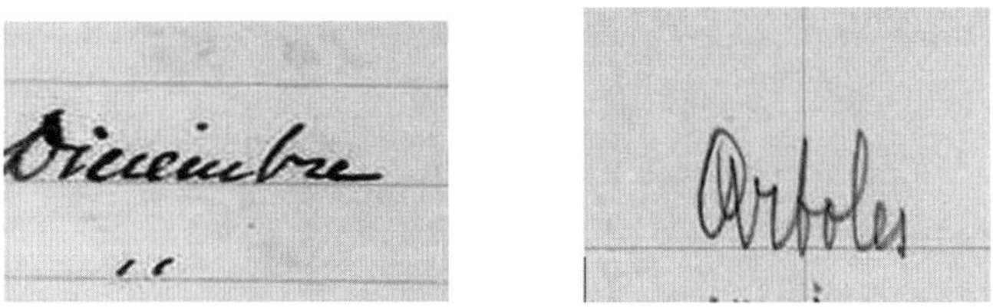

Figura 90: manuscrito del diario personal de Blas Infante, Fundación Blas Infante.

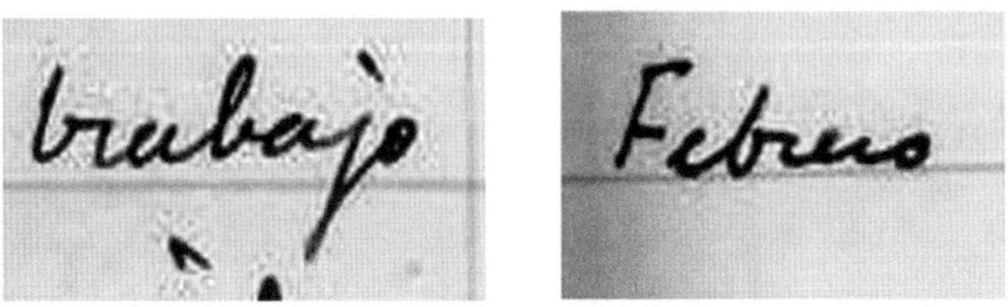

Figura 91: manuscritos del diario personal de Blas Infante, Fundación Blas Infante.

La forma de escribir la letra *b* tanto de Blas Infante como de José del Castillo son similares, sin embargo, puede apreciarse que no coincide con el tipo de letra *b* que aparece en la partitura publicada en la prensa ni con la entregada durante la asamblea cordobesa. Miguel Arnaiz nos pone de relieve otra diferencia en la caligrafía de Blas Infante y las partituras del Himno. Para el musicólogo madrileño, Infante utiliza distintos tipos de *s* como puede apreciarse en los siguientes ejemplos[189]:

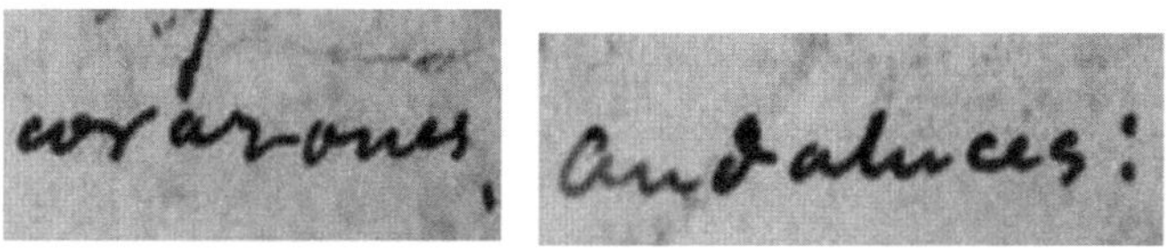

Figura 92: manuscritos del diario personal Blas Infante, Repositorio digital Centro de Estudios Andaluces.

Si observamos el texto de la partitura H-v.1977, la *s* también es escrita de dos formas aunque con alguna diferencia a la empleada por Infante:

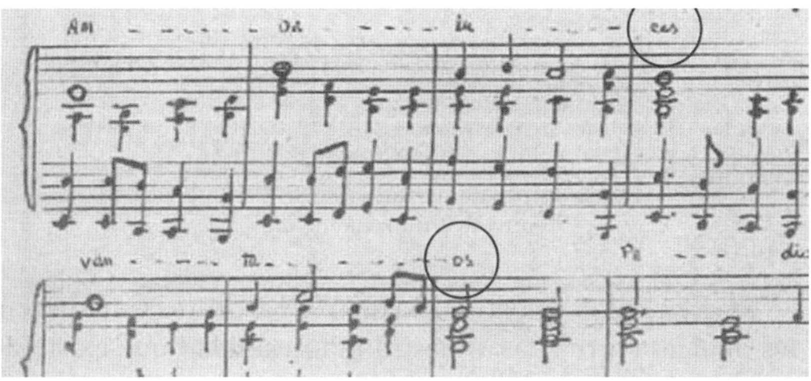

Figura 93: extracto de la partitura H-v.1977.

189 Arnaiz Molina, M. (2019). *Una historia del himno de Andalucía: de Blas Infante a Rocío Jurado.* Madrid, Trabajo fin de grado, Universidad Complutense, p. 17.

En cuanto a la notación, solo se conserva una partitura manuscrita por Blas Infante, sin ningún sentido musical, más propio de un principiante que está comenzando a aprender música. Observándola con detenimiento, vemos que la clave de sol está escrita con una «barriga» más pronunciada (incluso a veces torcida) y la cabeza de las notas son más grandes que las notas de H-v.1977.

Figura 94: partitura manuscrita de Blas Infante. Centro de Estudios Andaluces[190].

En conclusión, la existencia de tres partituras con diferentes matices entre ellas, muestran la necesidad que existe de un estudio más profundo. La cuestión de por qué Infante deja escrito que lo escucha en una tonalidad, pero luego aparece escrito en la partitura en otra, es difícil de explicar,

190 Partitura conservada en el Centro de Estudios Andaluces (catalogación AMH_01).

al no existir documentación o testimonio alguno que pueda dar luz, si no es en base a lo comentado a la partitura del *Santo Dios*. Aunque otras hipótesis, como su relación con la masonería y la relación que esta tiene con los tres bemoles en la música, pueden ser hipótesis plausibles de por qué está compuesta en la tonalidad de mi bemol mayor.

El Himno es una pieza musical que ha desempeñado un papel significativo en la construcción de la identidad colectiva de la sociedad andaluza desde su adopción en 1983. Este himno, con su mezcla de historia, cultura y emoción, ha sido una expresión sonora que ha resonado en la vida cotidiana de los andaluces llegando a conseguir un alto grado de arraigo en el tejido social de la región como un símbolo de identidad. Su adopción en la etapa postfranquista marcó un hito en la afirmación de la autonomía andaluza y su deseo de preservar y celebrar su rica herencia cultural. A día de hoy, ocupa un lugar destacado en eventos y celebraciones clave, convirtiéndose en fuente de emoción que une a las personas, recordándoles su identidad común y fomentando un sentido de comunidad.

3.5.2. Coyuntura y controversias

A pesar de su arraigo en la sociedad andaluza, el Himno no está exento de polémicas y controversias que a día de hoy perduran. La primera se remonta a los albores de los años 70, con la melodía que debía tener el Himno. En un primer momento, se propuso a José Albero Francés, director de la Banda Municipal de Sevilla en ese momento, el instrumentar para banda de música la partitura aparecida en 1977. Albero, tras estudiar la partitura, propuso realizar una nueva melodía, inspirada en la conservada de Blas Infante, al entender el propio compositor alicantino que la melodía infantina no era representativa de la música regional y carecía de ritmo. Esta proposición tuvo una gran crítica por parte de los sectores más andalucistas que veían como un intento de desvirtuar uno de los símbolos que los andalucistas históricos habían legado. Ante las críticas recibidas, Albero llegó a manifestar[191] que la melodía que había compuesto no vería la luz, limitando su trabajo a realizar la instrumentación para la banda. No sería esta la única polémica en la que estuvo envuelto Albero en relación con el himno de Andalucía. La celebración del concierto donde se escucharía por primera vez tras el franquismo y, por ende, la instrumentación de Albero, tuvo lugar en octubre de 1979[192]. Tras el concierto, el autor decidió registrar en el Registro de la Propiedad Intelectual del Ministerio de Cultura y en la SGAE, como suyo, el himno de Andalucía en versión para piano y en versión para banda de música[193], algo que le reportaría beneficios económicos cada vez que se interpretase. Esta instrumentación no estuvo exenta de polémica, como se recoge en el artículo publicado en el periódico *ABC de Sevilla*[194], ya que Albero hizo algunos encajes en la música y en el texto que no sentaron nada bien a la familia de Infante, en especial a su hija María de los Ángeles Infante[195].

Continuando con la SGAE, encontramos una nueva polémica en torno, una vez más, a los derechos de autor. La familia Infante, en 1979, decidió donar los derechos del Himno al Congreso de Cultura Andaluza, renunciando a cualquier tipo de contraprestación económica tal y como se recoge en la noticia publicada en *ABC de Sevilla* en el mes de marzo de ese mismo año[196]. En el año 2001, la familia Infante firma

191 «El maestro Albero ha archivado "su" himno de Andalucía». (30 de agosto de 1979) *ABC de Sevilla,* p. 12. https://www.abc.es/archivo/periodicos/abc-sevilla-19790830-18.html

192 «Concierto con el estreno del himno de Andalucía de Castillo, en el teatro nacional Lope de Vega». (27 de octubre de 1979) *ABC de Sevilla,* p. 36. https://www.abc.es/archivo/periodicos/abc-sevilla-19791027-48.html

193 Hijano, M y Ruiz, M. (1995). *El ideal andaluz en la II República. La Asamblea Regional andaluza de 1933.* Sevilla, Fundación Blas Infante, p. 408.

194 Gelán, F. (26 de agosto de 1979). «Polémica sobre el himno de Andalucía». *ABC de Sevilla,* p. 13. https://www.abc.es/archivo/periodicos/abc-sevilla-19790826-19.html

195 Arnaiz, Miguel. «Breve historia del himno de Andalucía parte I. Los orígenes». Revista digital *Mundoclásico.com* (2020) Disponible en: https://www.mundoclasico.com/articulo/33546/Breve-historia-del-Himno-de-Andaluc%C3%ADa-1-Los-or%C3%ADgenes#15

196 «Regalo de la familia de Blas Infante al congreso de cultura andaluza».

un acuerdo con la Consejería de Relaciones Institucionales para ceder los derechos del Himno a la Junta de Andalucía, pasando a ser de dominio público desde la firma del documento. En el año 2009, se publica en prensa que la SGAE sigue percibiendo dinero por el Himno, a pesar de que hacía ocho años que ya era de dominio público[197]. La noticia provocó gran indignación en la sociedad andaluza lo que dio lugar a la declaración del entonces portavoz del Gobierno de la Junta de Andalucía, Enrique Cervera, afirmando que los derechos del Himno pertenecían al pueblo[198]. La SGAE se defendió alegando que los derechos del Himno estaban protegidos y no eran de dominio público, por lo que era legítimo el cobrar por su uso. Entre las personas que estaban lucrándose, al haber realizado una versión, aparece, entre otros, Jesús Gluck, quien llegó a ocupar un puesto en la Junta Directiva de la Sociedad. A esta cuestión, la familia Infante responde en una entrevista publicada en *Libertad Digital* no tener conocimiento de quienes eran esas personas y desaprobaban que estuviesen percibiendo algún tipo de beneficio con la partitura de su familiar[199]. A estas declaraciones, respondería Luis Lozano, delegado de zona de la SGAE, en el mismo periódico mencionado anteriormente, donde afirmaba que si una obra es de dominio público podía hacer uso

---

(18 de marzo de 1979). *ABC de Sevilla,* p. 18. https://www.abc.es/archivo/periodicos/abc-sevilla-19790318-34.html

197 «La SGAE cobra por el Himno andaluz aunque la familia de Blas Infante donó los derechos al pueblo». (1 de febrero de 2009). *ABC de Sevilla.* https://www.abc.es/sevilla/cultura/sevi-sgae-cobra-himno-andaluz-aunque-familia-blas-infante-dono-derechos-pueblo-200902010300-912837105999_noticia.html

198 «Polémica por los derechos del himno de Andalucía». (15 de septiembre de 2009). *El Correo de Andalucía.* https://www.elcorreoweb.es/andalucia/2009/09/15/polemica-derechos-himno-andalucia-105288234.html

199 De Tena, Pedro (2 de febrero de 2009). «La SGAE cobra por el himno andaluz regalado a la región por la familia Infante». *Libertad Digital.* https://www.libertaddigital.com/internet/la-sgae-cobra-por-el-himno-andaluz-regalado-a-la-region-por-la-familia-infante-1276349778/

de ella quien quisiera, contradiciendo así la primera versión ofrecida por la SGAE.

Una semana después de las declaraciones de Cervera, Rosa Torres, quien ocupaba el cargo de consejera del ramo, envía a la delegación de la SGAE en Andalucía una copia del Decreto 200/2002[200] para requerirle que dejasen de recaudar por la melodía del Himno, en tanto en cuanto, la partitura pertenece a todos y todas las y los andaluces[201]. No obstante, la problemática no acabaría ahí. Leyendo el citado decreto, su disposición segunda recoge que la donación de la familia Infante, cuyos bienes y derechos se adscriben a la Consejería de Relaciones Institucionales, sería inscrita en el Registro Territorial de la Propiedad Intelectual de Andalucía. Sin embargo, en el Registro Territorial solo existe una obra con título *Himno de Andalucía* que pertenece a Juan Lebrón, quien registró con este nombre una obra audiovisual que realizó para Canal Sur con motivo de la celebración de una gala del Día de Andalucía. Es decir, la Junta de Andalucía no ha registrado todavía, en el Registro de la Propiedad, el himno de Andalucía. Este hecho produjo la crítica tanto del lado de la Fundación Blas Infante como por parte de la portavoz del Partido Andalucista, al entender una dejación de funciones muy grave en este asunto.

La polémica siguió creciendo con las declaraciones de nuevos actores. El abogado y vicepresidente de la Fundación Blas Infante en esos tiempos declaró en una entrevista publi-

200 Decreto 200/2002 de 9 de julio por el que por el que se convalida la aceptación de la donación a la Comunidad Autónoma de Andalucía, efectuada por las herederas de don Blas Infante Pérez y don Luis Infante García, de la bandera, el escudo, de los derechos registrados en la Sociedad General de Autores sobre la letra del himno de Andalucía que eran propiedad de la familia, así como de los derechos que pudieran corresponderles sobre el escudo, la bandera y la música del himno; y se adscriben a la Consejería de Relaciones Institucionales.

201 García Reyes, A. (10 de febrero de 2009). «La Junta envía un decreto a la SGAE para que deje de cobrar por el himno andaluz». *ABC de Sevilla.* https://www.abc.es/sevilla/cultura/sevi-junta-envia-decreto-sgae-para-deje-cobrar-himno-andaluz-200902100300-913022020224_noticia.html

cada por *ABC* que la solución pasaba por el reconocimiento, por parte de la Junta, de una versión oficial del Himno, que a juicio de Ruiz Berdejo, debería ser la realizada por José Albero al ser la única que se puede cantar. Berdejo pedía a PSOE, PP e IU que se pusieran de acuerdo en un plazo corto de tiempo. Estas declaraciones tuvieron el respaldo del portavoz de IU en la comisión de cultura, José Manuel Mariscal, quien pedía a la SGAE que abandonase las prácticas de extorsión y chantaje que venía realizando en torno a la melodía del Himno[202]. El último capítulo sobre esta polémica lo encontramos en 2014, con el artículo publicado en *La Razón* donde quedaba demostrado que SGAE, Junta y familia Infante seguían, y siguen, librando un duro pleito por los derechos de autor[203].

La familia Infante, en boca de una de sus hijas (María de los Ángeles concretamente), solicitó en el año 2004 a la entonces presidenta del Parlamento la retirada de la versión del Himno que se estaba imponiendo como oficial, al entender que era más difícil de ser cantada que la original. Moreno prometió trasladar la petición de la hija de Infante a las instituciones[204]. No tenemos constancia de a qué versión del Himno se refería la familia Infante, aunque creemos que se refiera a la versión escrita por Manuel Castillo, al ser la que suele ser utilizada en los actos oficiales.

A pesar de que existen partituras del himno de Andalucía y de su reconocimiento como himno oficial, no existe aún una grabación oficial. La Junta de Andalucía se ha limitado a reconocer la partitura de Blas Infante y la posterior ins-

202 «Instan a la Junta para que declare una versión oficial del himno de Andalucía». (6 de febrero de 2009). *ABC de Sevilla*. https://www.abc.es/sevilla/cultura/sevi-instan-junta-para-declare-version-oficial-himno-andalucia-200902060300-912949504882_noticia.html

203 Acedo, N. (3 de enero de 2014). «SGAE y Junta desafinan con el himno andaluz». *La Razón*. https://www.larazon.es/local/andalucia/sgae-y-junta-desafinan-con-el-himno-andaluz-FK4963205/

204 «Un himno de Andalucía más cantable». (21 de mayo de 2004) *ABC de Andalucía*, p. 54. https://www.abc.es/archivo/periodicos/abc-sevilla-20040521-54.html

trumentación de José del Castillo Díaz, pero al no existir dicha partitura para banda, nos encontramos con diferentes interpretaciones cada vez que se escucha el Himno. Fruto de esta controversia, en el año 1996, el portavoz del Grupo Parlamentario del Partido Andalucista (PA) en el Parlamento presentó una proposición no de ley en la que solicitaba que el Gobierno andaluz regulase una versión oficial para ser interpretada en todos los actos oficiales[205]. En su exposición de motivos, se ponía de relieve que, a pesar de estar reconocido tanto en el artículo 6.2 del Estatuto de Autonomía y en el artículo 5 de la Ley 3/82, la disposición adicional, en su apartado cuarto de la citada Ley 3/82, seguía sin cumplirse. Este apartado cuarto de la disposición adicional establecía que el Gobierno andaluz regularía las condiciones para declarar una versión del himno de Andalucía oficial. En dicha exposición de motivos, se reconocía la existencia de varias versiones, todas ellas carentes de oficialidad.

La propuesta al pleno del Parlamento, realizada por el Partido Andalucista, finalizaba con el anhelo de que se pudiesen cumplir varios puntos; por un lado el cumplir con lo establecido en el apartado cuarto de la disposición adicional de la Ley 3/1982 antes de tres meses, por otro imprimir y distribuir las partituras oficiales del himno de Andalucía que se eligiese como oficial y, por último, el editar una versión oficial del Himno para que pudiese ser reproducida en actos oficiales. Las grabaciones de la partitura oficial serían distribuidas a centros de enseñanza y entidades sociales para su difusión, aumentando el conocimiento entre los andaluces y su identificación con este símbolo de Andalucía. Meses más tarde, concretamente en noviembre de 1996, José Antonio Víboras Jiménez, quien en aquel entonces era letrado mayor del Parlamento de Andalucía, certificó la aprobación de la propuesta del Partido Andalucista tras los plenos celebrados los días 13 y 14 de noviembre de 1996. Esta pro-

205 Estévez Bautista, R. (2008). «Nuestro Himno de Andalucía a debate». En *Actas del XII Congreso sobre Andalucismo Histórico*, Fundación Blas Infante, pp. 269-276. Sevilla.

posición dio como resultado una comisión cuyo objetivo sería analizar la situación del Himno y crear una versión oficial, sin embargo, esta comisión no obtuvo éxito dejando a los andaluces, una vez más, sin una versión oficial.

Tenemos que remontarnos algunos años para encontrar la última vez que la política y los políticos se interesaron por el himno de Andalucía, aunque esta vez en el ámbito local. Cuatro años más tarde, concretamente en el año 2000, el Ayuntamiento de Utrera aprobó, por unanimidad de su corporación[206], solicitar al consejo local de hermandades y, por ende, a las hermandades de la ciudad de Utrera, que interpretasen el himno de Andalucía a la entrada y a la salida de sus respectivas estaciones de penitencia, como así certifica José María Escobar Gallego, quien ostentaba en esos momentos el cargo de Secretario General del Excmo. Ayuntamiento de Utrera, tras la sesión plenaria celebrada el 30 de marzo del años 2000 en el salón de plenos de dicha localidad sevillana. Días más tarde, Javier Castejón Fernández, secretario de prensa del Partido Andalucista, envió una nota informativa donde solicitaba a las hermandades utreranas que se adhiriesen al acuerdo alcanzado en el pleno. Este acuerdo plenario solo tuvo el apoyo de la hermandad de los Gitanos, hermandad que ya llevaba años interpretando el himno andaluz tanto a la salida como a la entrada de su paso de virgen. No sería esta la última iniciativa para que se interprete el himno de Andalucía tras un paso de Semana Santa puesto que en el años más tarde, la Asamblea de Juventudes Andalucistas de Lucena pidió la inclusión de la partitura andaluza en las procesiones de la localidad[207]. En la actualidad, el número de hermandades que usan el himno andaluz, bien en solitario o bien compartido con el constitucional, aumenta año tras año.

---

206 Diecisiete de los veintiún concejales que formaban la corporación local votaron a favor.

207 M. R. (28 de marzo de 2007). «Piden que se toque el himno andaluz al salir los pasos». *ABC de Córdoba.* https://www.abc.es/espana/andalucia/cordoba/sevi-piden-toque-himno-andaluz-salir-pasos-200703280300-1632229265344_noticia.html

En el año 2007, el Partido Popular de Andalucía propuso, mediante un proyecto no de ley, que la versión del Himno cantada por Rocío Jurado en la película *La Lola se va a los puertos* se convirtiese en la versión oficial de Andalucía. Esta proposición, como las anteriores, no tuvo recorrido, sin embargo, en el año 2019, el Ayuntamiento de Chipiona (población natal de Rocío Jurado) recuperó la iniciativa elevando la propuesta a la Junta de Andalucía, sin que tuviese contestación por parte del Gobierno andaluz[208].

La autoría del himno de Andalucía ha sido, también, motivo de disputa por el poco reconocimiento que la figura de José del Castillo tuvo tras la transición. Desde un primer momento se atribuyó a Blas Infante todos los méritos relegando a José del Castillo a un segundo plano. La familia del músico sevillano, en aras de un mayor reconocimiento de su pariente, trasladaron un escrito al Parlamento andaluz pidiendo amparo por la falta de reconocimiento de la labor realizada por su familiar[209]. Para la familia del compositor, la Cámara andaluza vulneraba la Ley 3/1982 de 21 de diciembre por la que se regula el Himno donde especifica que la única versión oficial es la que fue armonizada por José del Castillo. Previo al Parlamento, la familia se dirigió al Defensor del Pueblo Andaluz, en aquel momento presidido por José Chamizo, con el envío de una carta, la cual nunca tuvo respuesta[210].

Otra controversia, esta vez más musical, viene relacionada con la aparición de otro himno de Andalucía. Como ya hemos comentado en el presente libro, Jaime Balius com-

208 Arnaiz, Miguel. (2020). «Breve historia del himno de Andalucía parte I. Los orígenes». Revista digital *Mundoclásico.com*. Disponible en: https://www.mundoclasico.com/articulo/33546/Breve-historia-del-Himno-de-Andaluc%C3%ADa-1-Los-or%C3%ADgenes#15

209 «La familia de José del Castillo pide cumplir la proposición no de Ley aprobada en 1996 sobre la edición de una versión oficial del Himno». (11 de febrero de 2002). *Diario de Sevilla*, Sevilla, p. 20.

210 López, Erika. (07 de febrero de 2002). «Trasladan un escrito al Parlamento andaluz pidiendo amparo por la falta de reconocimiento a la labor de su tío-abuelo». *Diario de Sevilla*, Sevilla, p. 24.

puso una obra a la que tituló *Himno de Andalucía.* En 1980, gracias al trabajo de investigación realizado por Manuel Nieto Cumplido[211], esta obra de Balius vio la luz, lo que produjo cierto revuelo al considerarse como el verdadero Himno en lugar del que conocemos actualmente. En un artículo publicado en *El Correo de Andalucía*[212] en 1980, se trataba el tema en cuestión. Dicho artículo, que no aparece firmado, comenta el error que supondría reconocer como el verdadero Himno al escrito por Balius. Según el autor del artículo, dicha música debería encuadrarse dentro de los cancioneros patrióticos al estar compuesto como homenaje a la resistencia contra las tropas francesas. Prosigue el autor que, reconocer la partitura de Balius como himno andaluz, supondría tener que reconocer otros escritos anteriores como himnos y no como canciones patrióticas, como son los versos del poeta Quintana, escritos para ser cantados por la tropa, el romance *Alarma española* escrito por Meléndez Valdés o *El bando del alcalde de Móstoles* de Rumeu de Armas entre otros.

El hecho de que existan tantas versiones ha ocasionado también controversias a la hora de interpretarse. El 4 de diciembre de 1995, en un acto en homenaje a la bandera de Andalucía celebrado en el Ayuntamiento de Sevilla, se interpretó, por parte de la Banda Municipal de Sevilla, el himno de Andalucía, pero solo en su primera parte, mutilando el resto. Al final del acto, la banda volvió a interpretarlo, pero esta vez interpretó la segunda parte, mutilando, en esta ocasión, la primera parte. Este hecho produjo una polémica en la ciudad al considerar una falta de respeto que un símbolo de Andalucía, como es su himno, no se interpretara entero en un acto oficial[213]. La banda, por aquel entonces, se encon-

211 Manuel Nieto Cumplido (1935-2021): historiador y sacerdote cordobés, estuvo al frente del archivo de la Mezquita-Catedral de Córdoba durante gran parte de su vida.

212 «¿El verdadero himno de Andalucía?». (3 de febrero de 1980). *El Correo de Andalucía.*

213 Cartas al director (26 de diciembre de 1995). *El País.*

traba dirigida por José Albero Francés con quien, como ya hemos comentado, ya había existido alguna que otra polémica tiempo atrás.

No sería esta la última controversia que existe a día de hoy sobre la música del Himno. Como ya hemos mencionado en el presente trabajo, Infante conocía el *Santo Dios* ya que era obligado a cantarlo en su colegio escolapio. Si escuchamos el canto religioso, tal cual suele ser interpretado, llama la atención que la melodía del primer texto «Santo Dios, Santo Fuerte», el cual corresponde con el estribillo del himno andaluz «¡Andaluces, levantaos!», se canta en el lugar opuesto, es decir, donde correspondería melódicamente a las estrofas. Sin embargo, si revisamos la partitura aportada en el presente estudio dentro del apartado sobre el *Santo Dios*, sí coincide la melodía de la primera estrofa del canto religioso con la melodía de la primera estrofa del himno.

El título que debería tener la partitura de este símbolo andaluz ha sido también motivo de debate. Como se ha expuesto en el apartado que abarca la comparativa con otros himnos regionales, existen en España himnos que tienen un título con el que se les conoce. Por ejemplo el de *Asturias, patria querida* (Asturias) o *Els Segadors* (Cataluña). A día de hoy, el título de la obra es *Himno de Andalucía*, aunque autores como Ruiz-Berdejo consideran que sería más oportuno cambiarlo por el de *La patria andaluza*[214]. Por último, la partitura andaluza no ha estado exenta de la polémica en cuanto al lenguaje que utilizó Infante en el texto al considerar, desde ciertos ámbitos feministas, que la letra escrita por Infante es machista. Esta controversia en cuanto al significado de la letra se puso de relieve en el año 1981, por parte de una parlamentaria andaluza, al considerar que la estrofa que dice *hombres de luz que a los hombres alma de hom-*

214 Ruiz-Berdejo, P. (2008). «Historia comparada del himno de Andalucía para su entronque definitivo en su Estatuto de Autonomía». En *Actas del XII Congreso sobre el Andalucismo Histórico*, Fundación Blas Infante, p. 237. Sevilla.

bres les dimos, supone un menosprecio a la mujer. Algo similar planteó años después la antigua alcaldesa de Sevilla y parlamentaria andaluza, Soledad Becerril, en la Comisión Constitucional mixta, proponiendo que la letra del Himno se adaptase a la realidad social existente. A esta propuesta, le siguió la realizada por la vicepresidenta del Congreso de los Diputados, Amparo Rubiales, en el año 2001, que en un artículo escrito en el periódico *El País* sugería la modificación de dicha estrofa al considerarla una «antigualla lingüística»[215]. Otra propuesta que va un poco más allá es la que defiende el partido Nación Andaluza junto al Sindicato Andaluz de Trabajadores (SAT)[216], quienes instan a sustituir todas las referencias a «andaluces» por «andaluzas» en el texto, como expresión más inclusiva y diversa[217].

Una de las últimas polémicas guarda relación con la versión que realizó el universal cantante Raphael con motivo de la gala que cada 28 de febrero se celebra en Andalucía donde se hace entrega del título de hijo predilecto de la comunidad. En el año 2021, el agraciado con tal distinción fue el artista jienense quien a la hora de cantar el Himno cambió la letra y el ritmo de la pieza, lo que trajo consigo una lluvia de críticas a su interpretación. El cantante reconoció no conocer bien la pieza, lo que provocó un mayor desencanto entre la sociedad andaluza[218].

La partitura ha sido también motivo de controversia en el ámbito del deporte, concretamente en el fútbol. A la fina-

---

215 Rubiales, A. (26 de octubre de 2001). «¿Reformar el himno andaluz?». *El País*. https://elpais.com/diario/2001/10/26/andalucia/1004048532_850215.html

216 Acedo, N. (7 de diciembre de 2017). «El líder del SAT llama feminizar el himno de Andalucía». *La Razón*. https://www.larazon.es/local/andalucia/el-lider-del-sat-llama-a-feminizar-el-himno-de-andalucia-AD17144958/

217 Página web de Nación Andaluza: https://nacionandaluza.org/2018/01/22/nacion-andaluza-actualiza-la-letra-del-himno-de-andalucia-en-clave-feminista/

218 «Polémica interpretación de Raphael del himno de Andalucía». (1 de marzo de 2021). *La Vanguardia*, https://www.lavanguardia.com/gente/20210301/6261632/raphael-himno-andalucia-polemica-twitter.html

lización del partido por la paz jugado entre la selección andaluza de fútbol y un combinado de jugadores palestinos e israelís, el PA sacó un comunicado donde se quejaba de que no se hubiese interpretado el himno de Andalucía al comienzo del partido. Para los andalucistas, que no se interpretara el Himno no era algo casual, más bien respondía a un acuerdo entre el PSOE y el PP para rebajar los símbolos de Andalucía[219]. Llegados a este punto, creemos acertado, como broche final entre tanta controversia, comentar una anécdota curiosa en torno al texto del Himno y su relación con el deporte. En la temporada 15/16, el Linares Deportivo, equipo que en esos momentos militaba en el grupo cuarto de segunda división B, decidió serigrafiar en su segunda equipación el texto íntegro del himno andaluz, algo nunca visto antes en el mundo del fútbol. El gesto tuvo repercusión en la prensa como atestigua el artículo publicado por *ABC* en agosto de ese mismo año[220].

A modo de conclusión, el himno de Andalucía desempeña un papel multifacético en la actualidad. Funciona como un símbolo de identidad, una fuente de emoción colectiva y un puente generacional. Sin embargo, las críticas y controversias en torno a su letra, perspectiva de género y conexión con la realidad actual plantean la necesidad de una reflexión profunda y, posiblemente, de reformas. La sociedad andaluza enfrenta el desafío de preservar su patrimonio cultural mientras se adapta a las demandas y aspiraciones de los nuevos tiempos. A pesar de ello, el Himno sigue siendo una melodía que une a la sociedad a través del tiempo y el espacio, recordando su historia y el potencial de un futuro común.

---

219 «El PA critica que no se interpretara el himno de Andalucía en el Partido por la Paz». (29 de diciembre de 2006). *ABC de Andalucía.* https://www.abc.es/espana/andalucia/sevi-critica-no-interpretara-himno-andalucia-partido-200612290300-153657988955_noticia.html

220 S.D. (12 de agosto de 2015). «Qué dice la letra del himno de Andalucía». *ABC*, sección de deportes. https://www.abc.es/deportes/futbol/20150813/abci-letra-himno-andaluz-201508121939.html

CAPÍTULO IV

EL HIMNO DE ANDALUCÍA: ANÁLISIS SINTÁCTICO-MUSICAL

4.1. Líneas metodológicas

Debido a la diversidad de sistemas y posibilidades he utilizado para la presentación de los resultados del proceso de análisis las convenciones generales siguientes:

1. He tomado como documento base el boceto del Himno contenido de la Ley 3/1982, de 21 de diciembre, sobre el himno y el escudo de Andalucía. (Comunidad Autónoma de Andalucía. BOE núm. 34, de 9 de febrero de 1983).
2. La estructura de la obra ha quedado determinada por su correspondencia y relación con el texto al que acompaña.
3. En el apartado fraseológico y formal, he seguido la conceptualización y terminología por niveles, utilizada y aceptada por la comunidad científica, ordenada según el siguiente orden decreciente:

Sección (indicada con numeración romana)
- Frase (indicada con letras mayúsculas)
  - Periodo (indicados con letras minúsculas)
    - Subperiodo (indicados con minúsculas)
      - Miembros del subperiodo (indicados con minúsculas)

4. El tratamiento de los motivos ha requerido, por su importancia demostrativa, una relación individualizada que se presenta con forma de tabla o paradigma motívico, verticalizado en función de sus paralelismos y correspondencias. Serán indicados con una letra encapsulada entre barras verticales: | x | léase como «motivo x»; las alteraciones o ampliaciones que no impliquen modificaciones significativas de la estructura original ni, sobre todo, el carácter intrínseco del motivo serán representadas mediante (') sucesivas.

5. La capa armónica ha sido analizada según los conceptos del sistema funcional según la visión de Diether de la Motte[221]. Las funciones principales de los acordes se presentan en función de su estructura, así los acordes mayores de las funciones principales aparecerán con mayúsculas [T, D, S]; si los acordes son menores se representan sus funciones con las letras minúsculas correspondientes [t, d, s].
Los grados sobre los que se forman los elementos sintácticos se agregan a la derecha como subíndices.
Las notas de adorno aparecen en los gráficos con una cruz supra [+].
Las indicaciones de funciones especiales (secundarias) aparecen en superíndices.
Cuando el acorde carece de fundamental, la función aparece con un signo de tachado.
No se incluye en la tabla del plan tonal el cifrado interválico (inversiones) por su prolijidad y ausencia informativa; no obstante, en aquellos casos que ha sido necesario mostrar alguna particularidad, se ha incorporado la correspondiente explicación en el cuerpo de texto.

6. En este estudio el documento base (partitura) ha sido editado y dispuesto en forma analítica, esto es, como texto

221 Motte, Diether de la, (1976). *Harmonielehre.* Kassel, Bärenreiter Verlag. Traducción (1989): *Armonía.* Barcelona, Editorial Labor.

continuo; se han desarrollado las abreviaturas de las repeticiones con la finalidad de facilitar la localización de elementos y calibrar su extensión y disposición.

4.2. Fraseología

Voz principal (canto)

A pesar de su apariencia de breve simplicidad, derivada más de una visión sesgada que real ya que en música no existe nada sencillo, la melodía se revela como un intrincado y ordenado encaje de elementos relacionados cuya interacción aporta a la melodía un sentido de coherencia interna que no es aparente a causa de la variedad constante sugerida por la línea melódica.

La obra comienza con un compás introductorio donde presenta un motivo interválico de 4.ª justa descendente entre los grados de tónica y dominante, insertado a modo de efecto instrumental de grandiosidad y magnificencia que interpreto como una imitación del batir alterno de un juego de timbales. Esta intervención motívica influye y resalta la característica acéfala de la melodía principal, a la vez que anticipa el sentido y generación de la parte grave como sostén fundamental del resto del diseño de acompañamiento.

La estructura melódica ha sido analizada y determinada en función del texto; el seccionamiento principal se realiza en función de los versos, de métrica mayoritariamente octosilábica.

Elemento textual: La bandera blanca y verde

Correspondencia: del c. 2 al c. 5; fragmento repetido entre los compases 10 al 13.
Nivel: periodo a [suspensivo].
Inicio: acéfalo.
Final: desplazado 2.º tiempo.

Figura 95: análisis de los compases 2 al 5 del Himno.

Este elemento se caracteriza por un comienzo acéfalo y por evolucionar dentro de un desglose lineal de los sonidos que integran el acorde de tónica. El contorno melódico es el de una línea ascendente que alcanza un reposo suspensivo sobre el V grado (sib) antecedido de un motivo circular [x] cuyo contorno define la similitud de origen a pesar de sus múltiples variaciones.

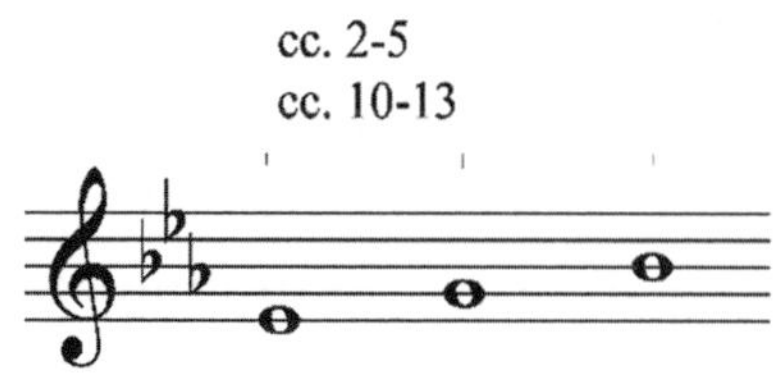

Figura 96: contorno melódico entre los compases 2 y 5.

Este procedimiento es complementado con notas de adorno de tipología diversa, acomodadas al tiempo y necesidades expresivas. La melodía finaliza en sib, sonido enmarcado por una apoyatura superior y una bordadura inferior con que es afianzado; después el sonido sib evoluciona descendentemente al sonido fa, por salto, componente del acorde semicadencial.

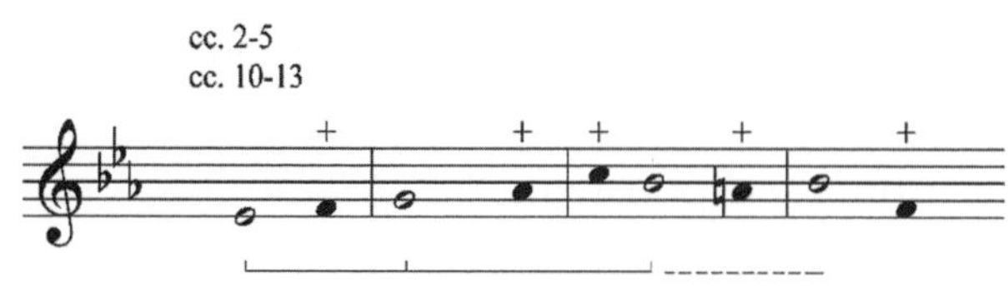

Figura 97: análisis del compás 2 al 5.

Elemento textual: vuelve tras siglos de guerra

Correspondencia: del c. 6 al c. 9; fragmento repetido entre los c. 14 al 17.
Nivel: periodo b [semiconclusivo].
Inicio: acéfalo.
Final: desplazado a la fracción débil del 1.º tiempo.

Figura 98: análisis de los compases 6 al 9.

Este grupo auxiliar [la-sib-la-sol] será utilizado e integrado por amplificación rítmica como un componente esencial en la conformación del periodo que más adelante hemos atribuido el carácter c (cc. 21-22).

Figura 99: análisis de los compases 21-22.

La evolución en b se produce mediante un descenso entre los sonidos estructurales: sib-sol, con intervención de algunos recursos que completan la línea, como la apoyatura do y la nota de paso la que, a su vez, recogen sendas apoyaturas; el periodo incluye el motivo |x| (cc. 7-8).

Figura 100: análisis de los compases 7 y 8.

Cabe reparar en la insistencia y reiteración de los dos grupos auxiliares, el primero [do-re-do-sib] con resolución en el sonido estructural sib y la repetición por grado descendente del segundo [la-sib-la-sol] con resolución sobre el sonido estructural sol.

Figura 101: análisis de los compases 6 al 9.

El pasaje puede reducirse a un nivel de esencialidad mayor:

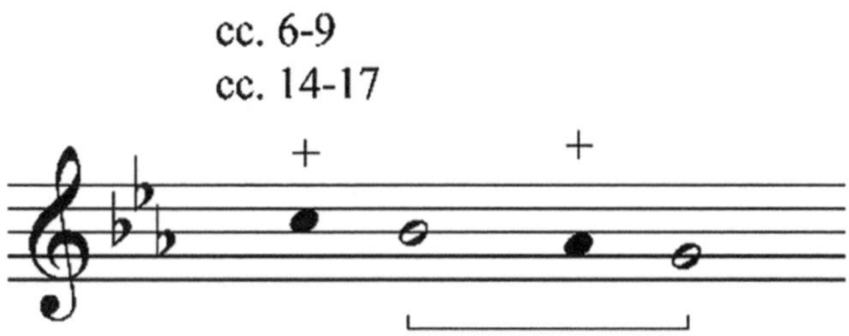

Figura 102: reducción melódica de los compases 6 al 9.

Los compases anteriormente revisados (cc. 1-9) se repiten íntegramente, sin modificación musical, aplicados esta vez a los versos siguientes del texto base:
Periodo a: cc. 10-13: *A decir paz y esperanza,*
Periodo b: cc. 14-17: *bajo el sol de nuestra tierra.*

Elemento textual: Andaluces, levantaos

Correspondencia: del c. 19 al c. 26.
Nivel: frase; subdivida en dos periodos:

Periodo c (cc. 18-22); correspondencia textual: *Andaluces*
Inicio: tético.
Final: 1.º tiempo.

Figura 103: análisis de los compases 19 a 26.

Este periodo c da comienzo después de un compás en silencio, utilizado a modo de separador entre dos frases contiguas. La concepción del diseño melódico varía en relación con la frase antecedente, que evolucionaba sustentándose en los grados del acorde de tónica, alcanzados estos de una forma gradual e intermediación de notas auxiliares. El caso del periodo c es conceptualmente similar, en cuanto que también se apoya en un desglose de los sonidos integrantes del acorde de tónica, sin embargo, difiere en el orden y manera en que estos son alcanzados; en este caso, el salto ascendente directo de mib a sib es continuado de un descenso gradual hacia sol, con intermediación de una nota de paso y su bordura superior.

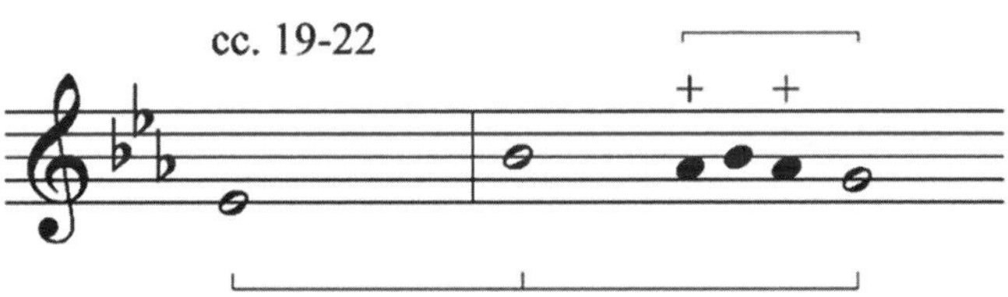

Figura 104: concepción del motivo melódico entre los compases 19 y 22.

Periodo c' (cc. 23-26); correspondencia textual: *levantaos*
Inicio: tético.
Final: 1.º tiempo.

Figura 105: análisis de los compases 23-26.

Las consideraciones sobre c' son similares a las realizadas de su periodo homólogo c, destacando la utilización de mayor recarga de sonidos auxiliares alrededor de la nota de paso la, característica de la caída gradual entre sib y sol como queda reflejado en el gráfico estructural que sigue.

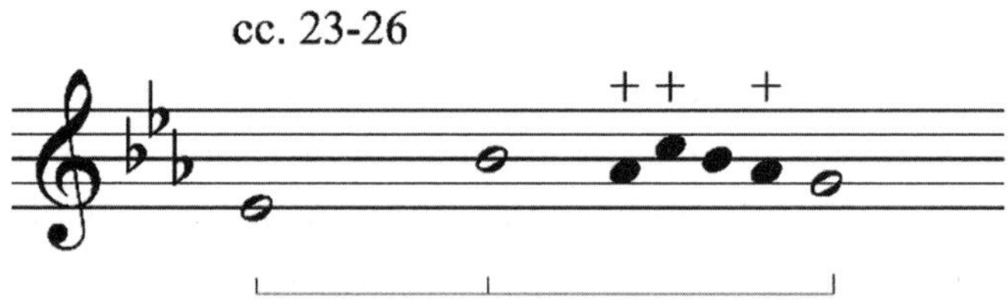

Figura 106: análisis de los compases 23-26.

Las diferencias estructurales que establece la alternancia y cambio de posición de los sonidos sib y sol, determinan el sentido semicadencial suspensivo de la frase (final sib) o semicadencial parcialmente conclusivo (final sol).

Elemento textual: pedid tierra y libertad

Correspondencia: del c. 27 a c. 30.
Nivel: periodo a'.
Inicio: tético.
Final: 1.º tiempo.

Figura 107: análisis de los compases 27-30.

Posiblemente nos encontramos ante el punto más complejo y arriesgado del análisis. He optado por calificar este periodo como a' por su relación directa (con variantes) con el periodo a (cc. 2-5). Si se comparan las características rítmicas de ambos existen diferencias significativas tanto en el comienzo (acéfalo en a y tético en a') como en el final (parte débil en periodo a y fuerte en a'), además de la aparición de un grupo de corcheas en a' del que carece su predecesor. Sin embargo, la composición interválica y el sentido direccional es prácticamente el mismo en ambos casos, como se puede evidenciar en la figura siguiente:

Figura 108: comparativa entre la sección a y la sección a'.

La línea estructural de a' sería homóloga a la de a, si bien la no aparición de mib aboca a realizar un ascenso paulatino entre los sonidos sol y sib, con reposo suspensivo en este último según el sentido semicadencial del pasaje; la correlación armónica refuerza dicho carácter, como que se verá en su lugar. El gráfico reductivo que sigue muestra las citadas particularidades:

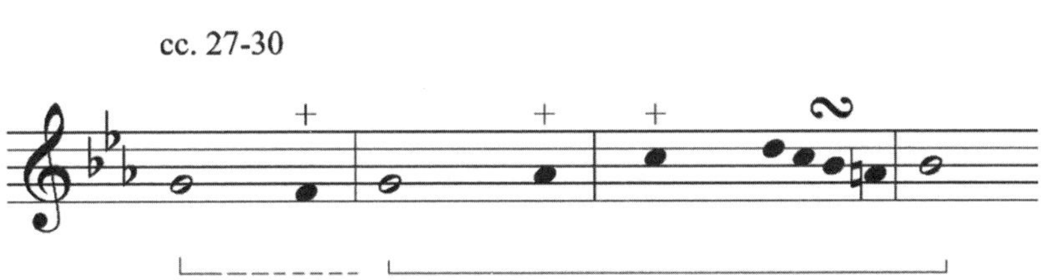

Figura 109: línea estructural en a'.

Por otra parte, la similitud y comportamiento melódico y cadencial entra en contradicción con la aparición de un acompañamiento diferente en uno y otro caso.

Nos encontramos ante la disyuntiva de si se trata de un nuevo periodo o, por el contrario, si se puede considerar el fragmento como una modificación del periodo a; hemos optado por esta segunda opción y no de forma caprichosa en función de otros condicionantes que serán mencionados y discutidos a continuación.

Elemento textual: sea por Andalucía libre

Correspondencia: del c. 31 a c. 34.
Nivel: periodo b'.
Inicio: tético.
Final: desplazado a la fracción débil del 1.º tiempo.

Figura 110: análisis periodo b'.

Como ya había sido adelantado en el punto anterior, en cuanto a determinar la correspondencia entre los periodos a y a', la identificación de este nuevo elemento fraseológico y definirlo como b', viene a confirmar el acierto en la relación de estos elementos. La identificación establecida no solo representa un conjunto de coincidencias interválicas, la correlación afecta a la estructura global de la pieza de una forma sustancial, como se verá en su momento y lugar.

Figura 111: comparativa entre a y b'.

Es evidente que, obviando los sonidos iniciales de b sobre el sonido do, (sustituidos por el compás de silencio) existe una correlación absoluta entre ambos. Dicho compás separador no evita la continuidad melódica que establece que el sonido final de a' sib (c. 30) se mantenga como inicial de b' sib (c. 32), además enfatiza su aparición. Aparece a continuación el último elemento que cierra la estructura con una cadencia conclusiva sobre mib.

Elemento textual: España y la humanidad.

Correspondencia: anacrusa del c. 35 a c. 37.
Nivel: periodo c.
Inicio: anacrúsico.
Final: 1.º tiempo.

Figura 112: análisis del compás 35-37.

El periodo c es el elemento final conclusivo, con cadencia sobre la tónica mib. Es un elemento de cierre de una estructura inversa al despliegue tónico inicial (cc. 2-13).

La estructura del fragmento melódico completo (cc. 32-37) se ajusta al siguiente gráfico reductivo:

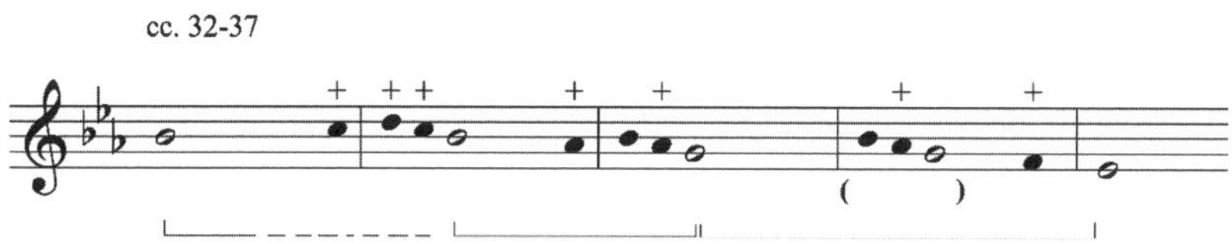

Figura 113: estructura del fragmento melódico entre los compases 32 y 37.

La estructura fraseológica del Himno quedó articulada en tres secciones que incluyen un compás y medio del motivo introductorio (efecto timbal) y una breve plagalización de tres compases (coda) que refuerza el sentido de cierre de la sección III y la conclusión el propio Himno.

<table>
<tr><th colspan="14">FRASEOLOGÍA (tabla general en función de la voz principal)</th></tr>
<tr><td>Compás</td><td>1</td><td>2-5</td><td>6-9</td><td>10-13</td><td>14-17</td><td>18</td><td>19-22</td><td>23-26</td><td>27-30</td><td>31</td><td>32-34</td><td>35-37</td><td>38-40</td></tr>
<tr><td>Sección</td><td colspan="5">I</td><td colspan="3">II</td><td colspan="5">III</td></tr>
<tr><td>Frase</td><td>Int.</td><td colspan="2">A</td><td colspan="2">A</td><td colspan="3">B</td><td colspan="4">A’ $_R$</td><td>Coda</td></tr>
<tr><td>Periodo</td><td>Int.</td><td>a</td><td>b</td><td>a</td><td>b</td><td>-</td><td>c</td><td>c’</td><td>a’</td><td>-</td><td>b’</td><td>c</td><td>Coda</td></tr>
</table>

Figura 114: tabla de la estructura fraseológica del Himno.

La tabla estructural muestra los sistemas reductivos aplicables al Himno y también la aparición de un juego de simetrías que, sin juzgar la intencionalidad autor, aparecen entre las secciones I y III. La obra, breve y compleja, es coherente y se puede justificar a partir de un desglose del elemento sintáctico básico en todo proceso tonal (acorde de tónica), estructura que articula los procesos cadenciales y el sentido de suspensión o conclusión alrededor de los pivotes del I y V grado; enfatizando el sentido semicadencial mediante la inclusión de la alteración la becuadro (sensible del V grado). El autor desarrolla diferentes grados de conclusividad, vinculados en todo caso a un movimiento de caída propio de la tendencia al reposo. Las cadencias intermedias siempre aparecen sobre el III grado; el autor se reservó la utilización del I grado (mib) exclusivamente para los dos puntos melódicos más importantes, esto es, el sonido de inicio (c. 2) y el último de todos (c. 37). Resulta evidente que la elusión del sonido mib de los momentos cadenciales que aparecen en el transcurso melódico fue sistemática; inclusive en el punto reexpositivo (c. 27) el sonido mib —aparición que correspondería— es sustituido por sol. La plenitud conclusiva no es alcanzada hasta el c. 37, anterior al proceso de plagalización de la coda.

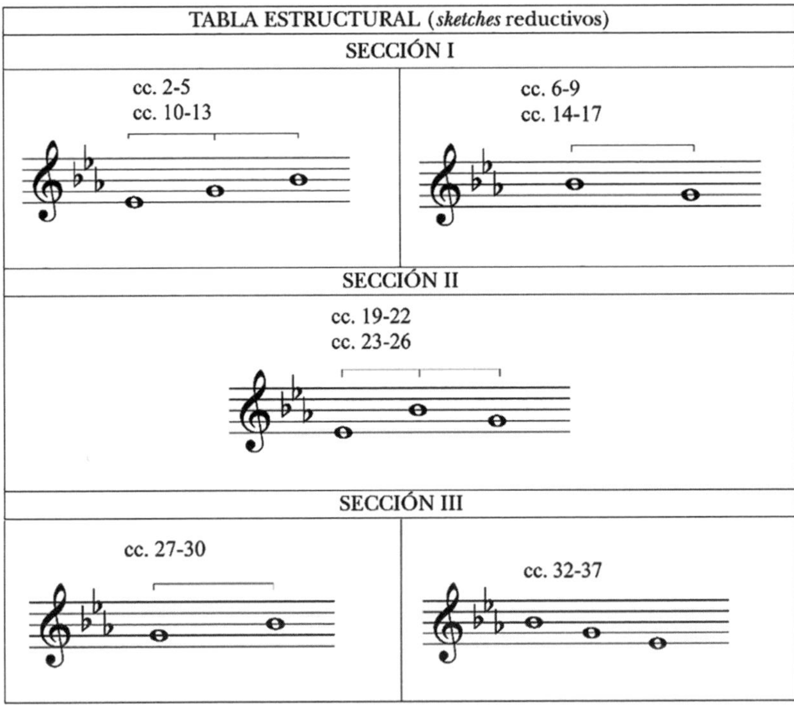

Figura 115: tabla estructural de las diferentes secciones.

Fraseología: parte instrumental (bajo)

El bajo de esta pieza actúa como una segunda voz, en orden de importancia, debido a su comportamiento, más lineal que armónico. Considerado el bajo de esta manera y en atención a que el Himno comienza con un motivo (efecto timbal) de especial realce, he dispuesto la génesis de sus principales elementos constitutivos. Encontramos que, a partir de este simple motivo interválico de 4.ª justa descendente (en adelante | g |), relación T-D, fueron generados los demás, tal y como se muestra a continuación.

El motivo interválico inicial, compuesto por dos sonidos mib-sib (repetido dos veces), es ampliado con los sonidos intermedios proporcionando el tetracordo [mib-re-do-sib] y con él uno de los dos modelos en que se sintetiza el recorrido completo de esta parte instrumental; su denominación | t | incluye considerar sus características principales: a) descenso gradual; b) sonidos extremos distanciados una 4.ª justa descendente. Es importante subrayar que el motivo | t | se considera una ampliación derivada de | g |.

El compás 3, con que el bajo inicia su recorrido melódico-armónico, constituye un motivo con la peculiaridad que le añade la bordadura inferior y la ritmificación propia de una marcha que le aporta un carácter propio; he denominado este motivo | z |. El compás 3 y el siguiente (c. 4) van a ser modificados por inversión dando como resultado los dos que le siguen; cabe tener en cuenta la correspondencia en los sonidos integrantes de los cc. 4 y 6 (terceras sol-mib y lab-fa) idénticos en ambos lugares, aunque aparecen encajadas e intercaladas en c. 4 y sucesivas en c. 6, alteración que afecta mínimamente al plano armónico.

Figura 116: análisis del bajo.

Tras la aparición del motivo | t | en c. 7, con polos lab-mib, los compases del 8 al 10 componen un descenso escalar lab-sib por sucesión de dos motivos derivados de | t |; el primero | t' | por ampliación interválica (5.ª justa) y alteración rítmica; el segundo | t'' | por contracción de valores de los dos sonidos iniciales.

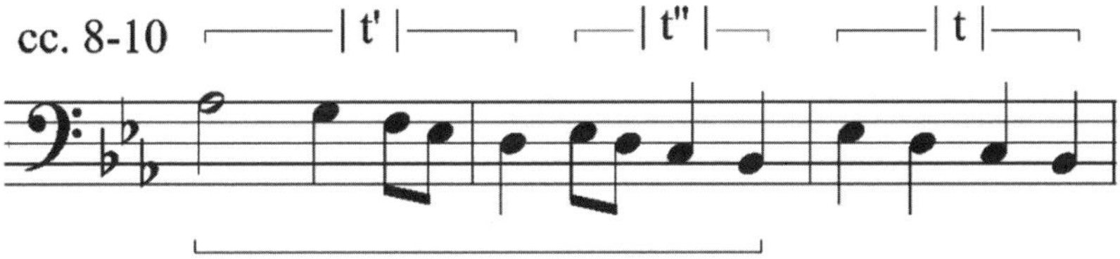

Figura 117: análisis del bajo entre los compases 8 y 10.

La sección II comienza con la repetición del motivo | t | (cc. 18 y 19) al que sigue un interesante proceso constructivo derivado; en primer lugar, la utilización del motivo | t | con inversión del mismo e intercalación del sonido mib (ajeno) que sirve de impulso interválico hacia lab, gracias a la fuerza resolutiva inherente al intervalo de 4.ª justa ascendente (tendencia D-T). A partir de dicho lab se enlazan dos motivos | t | como tetracordos conjuntos imbricado el último sonido de uno con el primero de otro hasta llegar al c. 23 en que | t | aparece, exento del proceso de reducción, con su propio perfil. El proceso es resumido en la figura que sigue.

Figura 118: análisis del bajo entre los compases 19 y 23.

La sección III comienza en c. 27 con la intervención del mismo motivo por ampliación de componentes y afectación de sus extremos tetracordales mib-sib convertidos ahora en el pentacordo descendente mib-lab, este motivo ha sido denominado en la tabla paradigmática como | t' |. La sucesión queda aparentemente interrumpida entre los cc. 28 y 29 por un salto de 6.ª mayor ascendente donde continua su tendencia y llegada al sonido mib.

Figura 119: análisis del bajo entre los compases 28 y 32.

La obra concluye con la utilización de los elementos anteriormente mencionados en los que aparecen modificaciones de ajuste armónico (comentados en su lugar) y también alteraciones rítmicas como es el caso de | t'' |

Figura 120: análisis del bajo en el compás 33.

El proceso de variación es agudizado a medida que se aproxima el final que concluye con el motivo | t |, característico y predominante durante toda la pieza en el desarrollo del bajo melódico-armónico.

PARADIGMA MOTÍVICO (bajo armónico)

Figura 121: tabla paradigma motívico del bajo.

4.3. Sintaxis armónica: plan tonal

El Himno presenta una estructura armónica adaptada y ajustada a las premisas del sistema tonal funcional. La elaboración respeta los preceptos y convenciones propias de un academicismo bien aprendido; también el funcionamiento y consecución de los procesos de modulación utilizados, en exclusiva la modulación por transformación indicada con el signo [∞]. Los distintos elementos sintácticos de la tonalidad principal (mib M) responden al diatonismo más estricto: acordes en estado fundamental o primera inversión; acordes en segunda inversión siempre en parte o fracción de parte débil, con una utilización y evolución correcta desde un estricto punto de vista académico; las disonancias son resueltas con rapidez, estas se reducen a notas de paso que generan acordes de séptima secundarios y/o sonoridades —muy escasas— por cuartas, generadas por confluencia de sonidos auxiliares esporádicos.

Las disonancias que afectan a elementos sintácticos que poseen sonidos de resolución obligada, como es el caso de los acordes de séptima de dominante, proceden según las normas generalmente aceptadas. No aparece ningún elemento novedoso en la capa armónica, como tampoco el autor hizo intento alguno por introducir los procesos y armonías derivadas del uso de las séptimas disminuidas —tan utilizadas en la música escénica de la época— ni tampoco aparecen armonías alteradas, ni siquiera evocadas; las duplicaciones internas de los elementos sintácticos responden a los refuerzos acostumbrados sobre los principales grados tonales.

El lenguaje utilizado es absolutamente convencional, con conocimiento de las reglas en vigor a la hora de disponer la armonía y ajustarla a un desarrollo melódico relacionado con la existencia de un texto que impone sus propias exigencias y acentos a nivel constructivo y expresivo. En cuanto a resoluciones excepcionales cabe mencionar la producida en el enlace de dos acordes de séptima de dominante consecutivos, ambos completos, del compás 36.

Figura 122: resolución del compás 36.

Las secciones derivadas del análisis fraseológico se ven confirmadas en gran medida por el desarrollo armónico y la fusión de este con la parte grave, que se comporta más como un contrapunto melódico que como un bajo estrictamente armónico. Es conveniente remarcar que el acompañamiento se ajusta a la disposición armónica alemana, en cuanto a la colocación de tres voces en la mano derecha, frente a la voz de bajo dispuesta en la mano izquierda. Por tanto, los acordes quedan enmarcados en posición cerrada, evolucionando dentro de una octava-novena, extensión máxima que cabe entre los dedos 1 y 5 de dicha mano.

El ritmo armónico general es fluido y variado, si bien responde a un cambio uniforme con valores de negra, con elementos disonantes de tránsito que genera y mantiene una dinámica de avance incesante dentro de un contexto homofónico. En relación con la estructura melódica, aparece un contrasentido entre el contorno del periodo a' (cc. 27-30), claramente reexpositivo en el plano melódico y la intervención del motivo | t' | en la voz baja; elemento de contorno diferente —incluso linealmente opuesto— si es comparado con los motivos | z | y | z $_{\text{invertido}}$ | que acompañan al periodo expositivo (cc. 2-5). Esta falta de correspondencia impide el reconocimiento auditivo del elemento reexpositivo causando un conflicto estructural entre el diseño de una voz principal donde la reexposición es plenamente identificable y reconocible si carece de acompañamiento y la opacidad relacional que aporta la inclusión de este, difuminando el sentido de una función que, desde luego, está presente, y que resulta esencial a la hora de encontrar puntos de referencia y apoyo para el establecimiento de la forma general de la pieza en cuestión; aportamos los datos y suspendemos el juicio ante la falta de respuestas que nieguen o confirmen lo anteriormente expuesto.El planteamiento tonal se expone exhaustivamente en la tabla correspondiente. Cabe destacar la flexión al tono de la subdominante lab mayor mediante un proceso modulante por transformación, compases 6 y 14; el regreso se produce en los compases 8:2 y 16:2, donde la D_V de lab mayor asume la función de T_I con la que se instala y prosigue en el tono principal. La siguiente modulación por transformación —si se puede llamar así a lo que en realidad responde al concepto de flexión o enfatización diatónica— ocurre en el compás 29:3 y 29:4, donde un aparente paso cromático del bajo oculta la transformación del acorde de S_{VI} de mibM en S_{II}^{DD} de sibM, secuencia que afirma una importante semicadencia estructural que se deshace en el c. 31 con la transformación de la nueva tónica momentánea (sibM) en D_V del tono principal mibM.

Otro elemento destacable es la coda final (cc. 38-40). Estos tres compases evolucionan sobre un pedal interno de tónica, a modo de gran cadencia plagal, iniciada en el mismo momento de finalizar la cadencia principal, con la aparición de los motivos | t | (cc. 35 y 36) y | t' | en la parte grave, cubiertos con armonías menores con función de tónica secundaria (t_{VI}) y subdominante menor (s_{II}), ambas estableciendo contactos disonantes de segunda mayor en sus cruces con el pedal interno superior del c. 39, involucrando los sonidos fa y mib.

Figura 123: compases finales del Himno.

Plan tonal del himno de Andalucía

Periodo	**Introducción**				a											
Compás	c1				c2				c3				c4				c5			
MibM	T_I	•	•	•	T_I	•	•	D_V	T_I	•	•	s_{II}	S_{IV}	T_I	t_{VI}	S_{II}^{DD}	D_v	•		
LabM																	S_{II}^{DD}	•	•	•
Tipo Mod																				

Periodo	b															
Compás	c6				c7				c8				c9			
MibM	T_I	•								T_I	s_{II}	•	D_V	T_I	t_{VI}	•
LabM	D_V	•	T_I	t_{VI}	T_I	•	S_{II}^{DD}	D_V	T_I	D_v						
Tipo Mod	OO↓									OO↑						

Periodo	a															
Compás	c10				c11				c12				c13			
MibM	T_I	•	t_{VI}	D_V	T_I	•	•	s_{II}	S_{IV}	T_I	t_{VI}	S_{II}^{DD}	D_v			
LabM													S_{II}^{DD}	•	•	•
Tipo Mod													OO↓			

Periodo	b															
Compás	c14				c15				c16				c17			
MibM	T_I	•								T_I	s_{II}	•	D_V	T_I	t_{VI}	•
LabM	D_V	•	T_I	t_{VI}	T_I	•	S_{II}^{DD}	D_V	T_I	D_v						
Tipo Mod	OO↓									OO↑						

Periodo	-				c															
Compás	c18				c19				c20				c21				c22			
MibM	T_I	•	•	•	T_I	•	S_{IV}	D_V	T_I	•	•	•	S_{IV}	T_I	s_{II}	D_V	T_I	•	S_{IV}	D_V

Periodo	c'															
Compás	c23				c24				c25				c26			
MibM	T_I	•	S_{IV}	D_V	T_I	•	•	•	S_{IV}	•	s_{II}	D_V	T_I	•	t_{VI}	•

Periodo	a'																-			
Compás	c27				c28				c29				c30				c31			
MibM	T_I	•	t_{VI}	s_{II}	T_I	•	S_{IV}	•	s_{II}	•	S_{VI}						D_V	•	•	•
SibM											S_{II}^{DD}	D_V	T_I	•	t_{VI}	•	T_I			
Tipo Mod											ꝏ↓						ꝏ↑			

Periodo	b'												c											
Compás	c32				c33				c34				c35				c36				c37			
MibM	T_I	•	•	S_{IV}	s_{II}	D_V	T_I	s_{II}	D_V	T_I	t_{VI}	t_{III}	D_V	T_I	s_{VI}	s_{II}	S_{II}^{DD}	•	D_V	•	T_I	•	t_{VI}	•

Periodo	Coda											
Compás	c38				c30				c40			
MibM	T_I	•	t_{VI}	•	T_I	•	t_{VI}	s_{II}	T_I	•	•	•
	Pedal interno de Tónica (con cambio de parte)											

Figura 124: tablas con el plan tonal del Himno.

4.4. Relación texto-música: análisis de correspondencias

El himno de Andalucía presenta una serie de problemas a nivel melódico que ya fueron puestos de manfiesto por otros compositores a la hora de hacer sus armonizaciones modificando partes para que letra y música encajase mejor siendo este, quizás, una de las dificultades más importantes que presenta. Estos problemas ya fueron puestos de manifiesto en la entrevista concedida por el maestro José Albero y publicada en *ABC de Sevilla*[222] el 26 de agosto de 1979, meses antes de su reestreno en octubre de ese mismo año. El músico alicantino pone de relieve, tras un profundo estudio de la partitura original, las dificultades a la hora de adaptar y acoplar la letra y la música llegando a concluir que la combinación entre ambos planos era defectuosa. Debido a esta dificultad, el entonces director de la Banda Municipal de Sevilla, realiza una nueva melodía para la letra que dejó escrita Infante, sin embargo, esta nueva versión nunca llegó a interpretarse debido a las numerosas críticas que recibió como queda reflejado en el artículo publicado en *ABC de Sevilla*.

En el año 2002, la Junta de Andalucía encarga al músico y profesor de la Universidad de Sevilla José Carlos Carmona un informe[223] donde se recogiesen los problemas que presenta el Himno a nivel musical, así como una propuesta de mejora para solucionar estos problemas[224]. Dicho documento se divide en cuatro puntos y una pequeña conclusión. El citado músico comienza su exposición basándose en cinco criterios de interpretación. El primero de ellos hace referencia a la voluntad del compositor, cuestionándose dicho profesor si el compositor tenía las posiblidades técnicas en cuanto a conocimientos musicales se refiere, para expresar su verdadera intención al componer el Himno. Según Carmona, al no existir un catálogo de obras musicales escritas por Infante ni ser reconocido como una figura importante en la historia de la música, es difícil saber si con el himno de Andalucía que escribió se refleja o no su auténtica voluntad.

El segundo criterio, basado en la interpretación, está ligado con la reconstrucción de cómo se interpretó en el

222 «Polémica sobre el himno de Andalucía». (26 de agosto de 1979). *ABC de Sevilla*, p. 13. https://www.abc.es/archivo/periodicos/abc-sevilla-19790826-19.html

223 Carmona, J. C. (2002). *Informe y propuesta sobre la melodía del himno de Andalucía para su posterior armonización para orquesta y coro.* Sevilla, informe privado presentado a la Junta de Andalucía.

224 La partitura sobre la que se basa el profesor Carmona para su informe y propuesta de mejoras es H-v.1982.

momento original. A pesar de que este criterio está muy ligado a la historia de la música y de los músicos, el profesor Carmona expone que este criterio carece de relevancia al no conservar vestigio alguno sobre su interpretación en el concierto de presentación en julio de 1936. Si bien podría plantearse quizás su referencia en cuanto a la música con el *Santo Dios*, según entiende el profesor, no solucionaría todos los problemas de ajustes entre la letra y la música, y se comprendería que el carácter de la música ha cambiado. Un tercer criterio basado en el respeto al sentido propio de los signos musicales es para Carmona el más purista de los criterios y a la vez el más restrictivo, al entender que de respetarse la interpretación literal de la partitura, versiones como la realizada para orquesta y coro por el músico Manuel Castillo, no podrían ser aceptadas al no haber sido versionadas nunca por José del Castillo.

El espíritu de la obra es un criterio muy impreciso según recoge el profesor Carmona en su informe, ya que entra en el ámbito de lo no científico, de lo opinable. Para conocer su verdadero espíritu de la obra es necesario conjeturar cuál es la esencia, interés y proyección de la obra en sí, independientemente de su compositor y sus deseos, siendo necesario establecer un acuerdo y llevarlo a cabo. Parece de sentido común que un Himno tiene por objetivo representar el sentir del popular y entregarse a él para ser cantado. Esta línea nos llevaría a una acomodación del símbolo al pueblo para facilitarlo, aunque esto implique que quien lo «acomoda» sabe lo que quiere el pueblo. En los casos en los que la melodía ha vivido en el pueblo es fácil recoger el resultado de esa tamización, sin embargo, en un caso como este en el que hubo que comenzar a enseñar a la sociedad el Himno, la manipulación de los distintos agentes, ya sean por las primeras versiones discográficas, por los partidos políticos y sindicatos o los maestros en las escuelas, ha condicionado su evolución por lo que, según Carmona, podemos sentirnos con cierta legitimidad para no considerar ninguno como puro y readecuarlo.

Para finalizar con el criterio basado en el espíritu de la obra, el músico malagueño reflexiona sobre el carácter del Himno como elemento que unifique a todos. Para esta unión de los andaluces con su Himno, serían necesarias unas leves reparaciones para facilitar y afianzar su estructura de manera que pueda ser cantado con más facilidad, lo que daría lugar a que el símbolo tuviese un menor rechazo entre la ciudadanía. Con el criterio basado en la interpretación subjetiva del Himno finaliza el profesor su exposición acerca de los criterios de interpretación. Para Carmona, muchos intérpretes utilizan la obra de otro autor para expresarse ellos mismos y no con el objetivo de reconstruir una pieza histórica. Este tipo de interpretación cuenta con toda la legitimidad de la historia y del mundo del arte, aunque siempre haya habido un sector purista que haya defendido de manera fundamentalista la reconstrucción histórica.

Tres son los criterios fundamentales para la realización de una correcta versión del Himno según se cita en el informe. El primero de ellos es el respeto por la versión popular de forma que sea sentida por la ciudadanía. El segundo, la corrección de la unión texto-música acoplando los acentos del texto con el ritmo de la música y, por último, que sea una representación del pueblo y de su carácter. Siguiendo con los puntos del informe, encontramos el análisis de los problemas globales que presenta la partitura de Infante. Para diseccionar estos problemas, se exponen cinco puntos principales sobre los que, a su juicio, es necesario actuar. Por un lado, la adecuación del texto de Infante a un canto religioso implicó un ejercicio artificioso que ha dado por resultado una dificultosa compenetración entre texto y música. Concordancia que, más allá de la puramente técnico, conlleva una dificultad de compenetración espiritual entre un canto revolucionario y reivindicativo y uno religioso, que como se verá más adelante, influirá negativamente en el acomodo de ambos estilos. Por otro lado, es necesario una revisión en cuanto al tempo o velocidad en la que se viene ejecutando el Himno al entender que la pieza se viene ejecutando más lento de lo que debería ser un himno popular y más si a ello se le añade el carácter andaluz de la pieza.

Para Carmona, el hecho de que Blas Infante no dejara la segunda letra vinculada al Himno y a las notas musicales según su deseo o inspiración, ha creado un sinfín de malentendidos, incorrectos acoplamientos y desajustes que están por resolver definitivamente. Por otro lado, señala la simplicidad del autor en la construcción del bajo en octavas que, en palabras del propio profesor, son de una pura simpleza infantil. A esto se le une la pobre introducción de cuatro notas (mi bemol-si bemol) y al cinematográfico final, que a juicio del profesor son indefendibles por lo que propone suprimirlo por otro más acorde al espíritu de la composición.

Entrando de lleno en los problemas en los análisis concretos, la primera cuestión básica a modificar para el profesor Carmona es la del tempo o velocidad de interpretación de la obra, proponiendo una velocidad mayor (*allegro moderato* en este caso) que facilite el alojamiento del texto con la música.

Figura 125: extracto partitura himno de Andalucía.

Carmona, por tanto, divide en dos partes su exposición, por un lado, la melodía y, por el otro, el texto. La melodía, a su vez, es detallada en cinco puntos que son los siguientes. El primer problema que presenta la melodía aparece en el compás seis sobre el texto «tras» de la frase «vuelve tras siglos de guerra». El canto propuesto por Blas Infante consta de cuatro notas que se despliegan con la consonante *s* de la palabra «tras», lo que hace que resulte complejo y difícil de interpretar para el canto popular. Para el profesor malagueño, el acoplamiento del texto a la melodía en esta pieza ha sido tanto por parte de Blas Infante como de la versión popular muy imperfecta. La teoría básica que debe conocer todo letrista de canciones es que el texto y la música deben coincidir en sus acentos. En un compás como el que refleja el himno de Andalucía (binario de blancas), la primera y la tercera notas negras (de cada grupo de cuatro) es fuerte y la segunda y cuarta son débiles. El acoplamiento del texto Infantino se salta continuamente estas reglas como se observa en los compases 6 y 7 donde Infante cambia el acento de música y el texto sonando así «vuelvetrás». Como solución, Carmona propone que el compás 7 sea interpretado por una sola nota que aúne a las otras cuatro, es decir, escribir una redonda en lugar de cuatro negras.

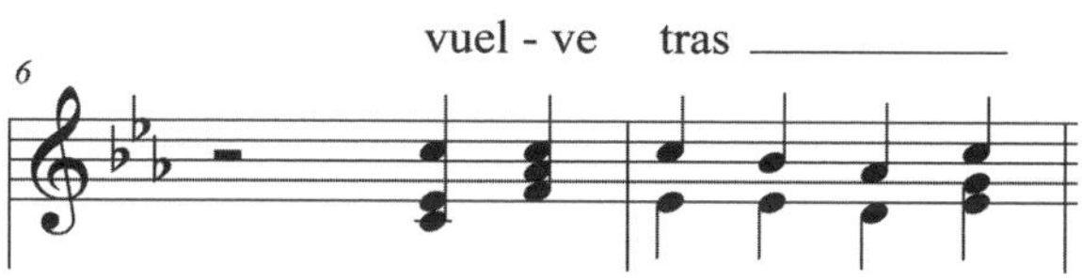

Figura 126a: compases 6 y 7 de la partitura H-v.1982.

Figura 126b: propuesta del profesor Carmona para la melodía del compás 7.

El segundo problema que presenta el Himno aparece en los compases 21 y 25 en las notas musicales que suenan tras la sílaba «lu» de «Andaluces» y «ta» de «levantaos» que son musicalmente iguales pero que han venido manifestándose por medio de diversas versiones. Blas Infante las diferencia y a la primera la dota de un carácter lento con la sucesión de dos notas negras y una blanca (la bemol, si bemol, la bemol);

mientras que a la segunda le otorga un cierto carácter andaluz de medio saeta al montar el texto sobre una síncopa con salida en corcheas (la bemol, do, si bemol, la bemol), algo que, según Carmona, no respeta el canto popular[225].

Figura 127a: compás 21.

Figura 127b: compás 25.

El canto popular no respeta ninguno de los dos compases y las unifica en cuatro negras; otras versiones elevan el canto popular una tercera mayor ascendente y, por último, la versión de Jarcha que fue muy popular en los comienzos de la autonomía respeta la versión popular de la interpretación de las sílabas «lu» y «ta» y duplica el texto de «andaluces» dividiendo las notas redondas en dos blancas.

225 En nuestra opinión, el canto popular sí respeta lo que está escrito en la partitura. La propuesta de mejora realizada por el profesor Carmona es la escrita en la versión de Sanchís, comentada en las páginas 126-130 del presente trabajo.

Continuando con los problemas de la melodía, según el profesor Carmona, se encuentra la interpretación o no del becuadro del compás 29 en la sílaba «ber» de la palabra «libertad». Infante puso ese pequeño melisma de difícil entonación que el canto popular nunca interpreta.

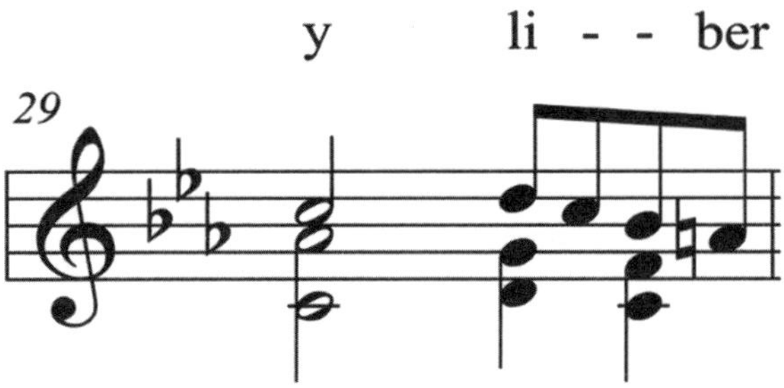

Figura 128: compás 29.

El becuadro del compás 4 tiene cierta coherencia porque aparece al comienzo sobre la *y* de «blanca y verde» y en sus sucesivas repeticiones con las otras tres letras, y ahí sí es bien entonada por el canto popular. Sin embargo, en un valor tan corto como el de una corchea de paso (compás 29) nunca ha sido aceptada entre la sociedad.

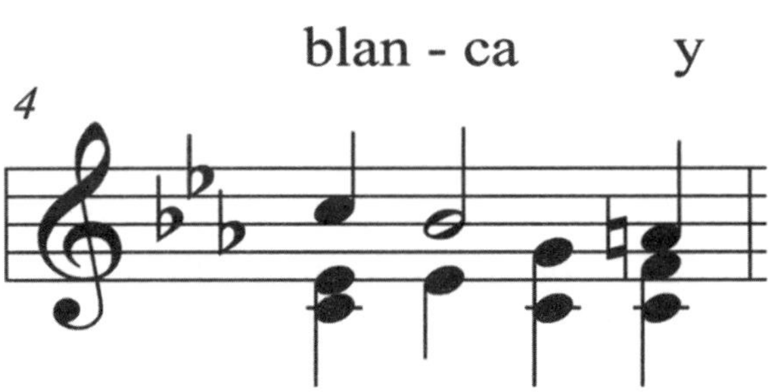

Figura 129: compás 4.

Se plantea la duda de si al final de la frase «pedid tierra y libertad» es conveniente o no respetar el compás de silencio que aparece en la partitura al término de la propia frase. El canto popular parece no respetarlo porque respira y sigue con naturalidad. Carmona propone respetar el compás de silencio, alargando la nota de la melodía para que parezca una respiración valor «blanca».

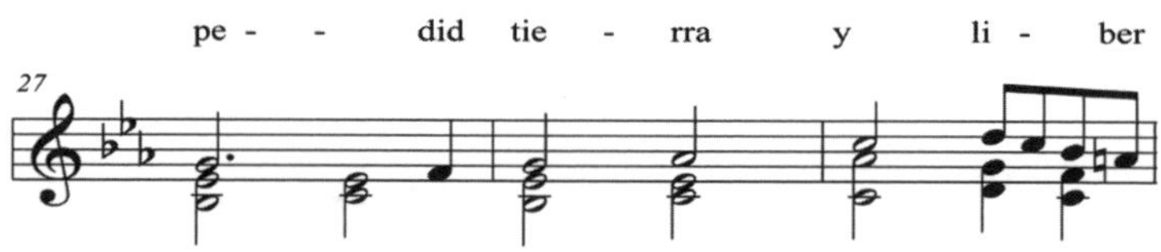

Figura 130: compases 27-29.

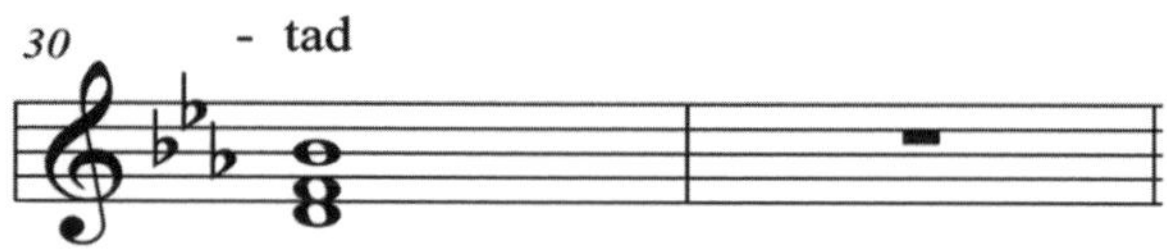

Figura 131: compases 30-31.

Por último, sobre el compás 33 se han oído diferentes versiones a la hora de acoplar el texto «lucía» de la frase «sean por Andalucía libre» al estar escrita sobra una misma nota, como se ve en la partitura H-v.1977 o H-v.1990. Dicho problema aparece resuelto en la partitura H-v.1982, dándole a cada sílaba el mismo sonido en valor de corchea (la-la-la), sin embargo, Carmona cree que la mejor solución sería cantar la-sol-la en las tres corcheas finales, al entender que resultaría más fácil de entonar por el canto popular.

Figura 132a: compás 33 de H-v.1977 y H-v.1979.

Figura 132b: compás 33 de H-v.1982.

Una vez acabado el análisis que presenta la melodía del himno de Andalucía, Carmona se adentra en la problemática del texto de la pieza. En la primera repetición encontramos la frase «paz y esperanza». Las sílabas «paz y es» están escritas contra natura. La palabra «paz» debería caer en parte fuerte, por lo que habría que desplazarlo al siguiente compás, dejando el diptongo «y es» de «y esperanza» en la nota blanca de carácter sincopado.

Figura 133a: compases 11-13 H-v.1982.

Figura 133b: propuesta de unión texto-música de J. C. Carmona para los compases 11-13.

Algo similar ocurre con el imperativo «pedid», acentuado de manera contraria en la versión de Infante, «pédid». Carmona adelanta la llegada de la sílaba «pe» a la última parte del compás anterior para que la sílaba «did» caiga en parte fuerte, suprimiendo la negra fa del último tiempo del compás 27.

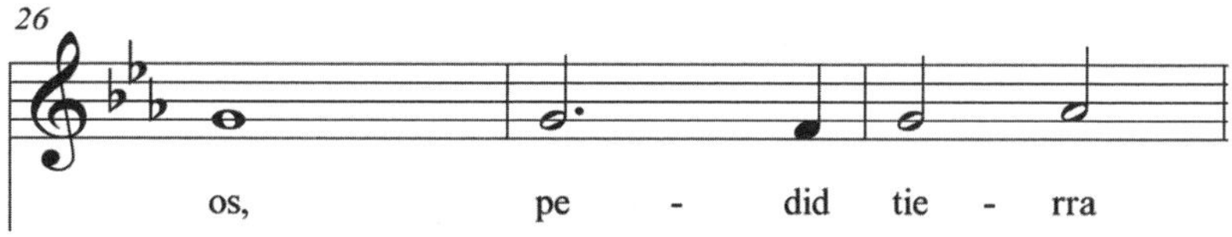

Figura 134a: compás 27 H-v.1982.

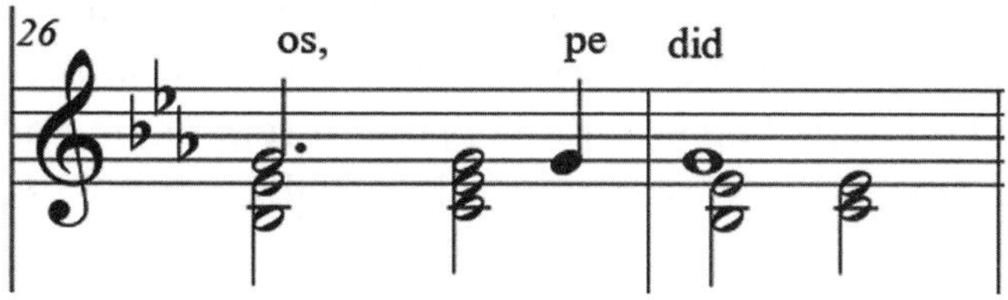

Figura 134b: propuesta de unión texto música de J.C. Carmona para el compás 27.

La segunda letra del Himno no llegó a ser nunca encajada documentalmente por Blas Infante, sin embargo, plantea problemas similares a los que presenta la primera. El comienzo de la segunda letra «Los andaluces» no tiene arreglo. Si se acentúan «da» y «ces» el resultado sería «los andálucés». Además de esto, Infante acentúa el infinitivo «volver» en «volver a ser lo que fuimos» como «vólver a ser lo que fuimos» por lo que queda acentuado incorrectamente en su versión. Carmona propone que la sílaba «vol» tome el valor de blanca en lugar del de dos negras para que la sílaba «ver» caiga en parte fuerte y añadir una nota en la valor de negra en el compás 5 para encajar la *a*. Otro ejemplo de esta errónea acentuación de Infante en la segunda letra del Himno es «hombres de luz» (Infante lo acentúa como «hombresdé luz»). Según Carmona, la palabra «luz», que cae en parte débil en la versión de Infante, debería caer en parte fuerte. Por ello, propone cantar la preposición «de» sobre la nota sol convirtiendo a esta en una redonda, haciendo desaparecer en esa repetición la nota la, realizando la sinalefa, en esta ocasión, sobre la nota si, sincopada en valor de blanca. Algo similar ocurre con la palabra «luz» que cae en parte débil en la versión de Infante y que debería caer en parte fuerte.

Para finalizar, como se ha podido observar, el Himno presenta una serie de problemas técnicos en cuanto a la melodía y el texto se refiere que deberían ser abordados para un mejor acople con el canto popular, que haga que sea más fácil de cantar. Por otra parte, sería conveniente acoplar la segunda letra del Himno a la música, al no quedar registrada por parte de Infante resolviendo los problemas anteriormente comentados de acentuación.

CONCLUSIONES

En este apartado se presentan las conclusiones y hallazgos que se han obtenido en el transcurso de la investigación. Tras haber realizado un estudio exhaustivo sobre el himno de Andalucía podemos esclarecer varios puntos de reflexión que dan respuesta a los objetivos marcados:

El primero de los objetivos que nos marcamos a la hora de realizar la investigación fue mostrar los perfiles biográficos y musicales tanto de Blas Infante como José del Castillo mediante la revisión de sus obras. Sabemos que el notario nunca compuso nada, conservándose únicamente una partitura manuscrita en la que parece estar aprendiendo música a tenor de su escritura. Por otra parte, la amplia bibliografía existente del llamado «padre de la patria andaluza» nos ha permitido acercarnos mejor a la visión que tenía Infante de los problemas de Andalucía, de cómo veía a la sociedad y cómo debería ser en el futuro. Con respecto a la relación de Infante con el Himno, es poca la documentación existente, reducida solo a lo escrito en el libro de los *Orígenes de lo flamenco y secreto del cante jondo.* En cuanto a José del Castillo, la bibliografía existente sobre su persona es escasa por lo que ha sido un reto poder encontrar información sobre el músico sevillano. La recuperación que se ha venido haciendo de su vida y obra en los últimos años mediante algún que otro homenaje o la reinterpretación de alguna de sus obras nos ha facilitado conocer mejor a uno de los músicos más importantes de la Sevilla de la primera mitad del siglo XX. Además, hemos dejado un apartado titulado «Obra», donde hemos revisado todas las composiciones. Creemos importante poner de relieve que, gracias a la investigación realizada, hemos recuperado la última obra que compuso el maestro Del Castillo, titulada *No me digas no*, encontrada en la Biblioteca Nacional a nombre de Castillo. La presumible confusión con Manuel Castillo, aunque no son familia, ha podido provocar que haya pasado desapercibida todo este tiempo.

El segundo objetivo estaba relacionado con la revisión y comparación de las partituras históricas del Himno que han llegado hasta nuestros días. Para la consecución de lo marcado, hemos dividido en varias partes el estudio. La primera de ellas comenzó profundizando en la melodía sobre la que se basa el Himno. Para ello, investigamos dónde se canta el *Santo Dios* y en qué tipo de contextos, lo que nos ha descubierto que no solo se canta en el ámbito agrario, sino que también se viene usando como plegaria a imágenes devocionales. El siguiente paso tiene que ver con la datación de las partituras. Antes de comenzar la investigación veíamos que existía mucha confusión con las partituras históricas, confundiendo, en algunos casos, u obviando, en otros, las distintas partituras. Es por ello que hemos creído oportuno ordenar cuándo aparece cada una de ellas para poder, posteriormente, compararlas. Para ello, hemos recurrido a la hemeroteca de los diferentes periódicos que tienen tirada en Sevilla, con especial atención a *El Correo de Andalucía* y a *ABC de Sevilla*. Gracias a la documentación en prensa, ahora sabemos que la primera data de 1977, la segunda de 1979, la tercera de 1982 y la última de 1990. Queremos resaltar además en este punto que, las fechas dadas son las fechas en las que aparecen y no cuando fueron compuestas. Por último, el tercer proceso ha consistido en la comparación de cada una de las partituras entre sí lo que nos ha permitido por una parte conocer mejor, musicalmente hablando, el Himno de nuestra tierra y, por otro, las diferencias que existen entre ellas.

Decir una fecha exacta de cuándo se compone cada de ellas, en base a la documentación que disponemos, resulta algo casi imposible, sin embargo, la comparativa de las diferentes partituras deja la puerta abierta a establecer algunas certezas. Por un lado, hay dos aspectos que a nuestro juicio están claros; el primero es que la última partitura escrita fue la publicada en la Ley del Himno y el Escudo en 1982 (H-v.1982), y el segundo es que la partitura H-v.1979 es posterior a la partitura H-v.1990, ya que el libro en la que se editó H-v.1979 fue publicado, como mínimo, a finales del año 1933. Por otro lado, la comparativa entre una y otra partitura nos hace pensar que H-v.1977 fue escrita antes que H-v.1990, es decir, fue el germen de la partitura entregada en la Asamblea de Córdoba. La comparativa entre H-v.1977 y H-v.1990 arroja varias aspectos interesantes:

— El texto del himno de Andalucía aparece en la partitura H-v.1990 entero con la música del Himno, sin embargo, en la partitura H-v.1977 solo se anota la primera parte de la letra, sin existir rastro de la segunda parte del texto por ninguna parte.

— La partitura H-v.1977 no refleja el aire del Himno (debería aparecer el término «lento»), cosa que sí se refleja en la partitura H-v.1990.

— En la partitura H-v.1977 faltan elementos en los compases finales que sí aparecen en H-v.1990; no están escritas las indicaciones de los dos últimos compases (*rall.*, *molto pesante*) y otras como la indicación del salta al signo de la 𝄋 están escritas de distinta forma a como viene escrita en la partitura de H-v.1990.

— La última corchea de la melodía en el compás 21 aparece bemol en H-v.1977 y becuadro en H-v.1990.

— Por último, en la partitura H-v.1977 no hay ninguna indicación en cuanto a los matices de la obra.

Una primera hipótesis puede estar relacionada con que la persona que copiase la partitura H-v.1990, por error o descuido, omitiese varios elementos. Esta posibilidad parece, a nuestro juicio, menos posible ya que la partitura es muy sencilla, no presenta dificultad. Una segunda posibilidad, a nuestro juicio más plausible, es que, la partitura H-v.1977 fue escrita antes que la que vería la luz en la Asamblea de Córdoba. En cuanto a H- v. 1982, parece realizada con la unión de elementos de H-v.1977 y H-v.1979, lo que hace que sea distinta a las otras dos. Todas estas diferencias hacen concluir que son tres las partituras que existen del Himno y no una como se atribuye a día de hoy.

La conclusión extraída en cuanto a que H-v.1982 fuese tildada en la Ley del 82 como *la original*, es debido a que no se había descubierto aun el díptico original entregado en la Asamblea de Córdoba donde se reproducía la partitura del Himno (H-v.1990), de ahí que en la Reforma del Estatuto de Autonomía del año 2007 se haga referencia a la partitura entregada en la Asamblea de Córdoba (H-v.1990) y no a la publicada en 1982. Por último, la normativa oficial referente al himno de Andalucía obvia las partituras anteriores a 1982, hecho al que no se ha podido dar respuesta. En cuanto a la fecha en la que fueron compuestas, parece poco probable a tenor de lo investigado que la partitura fuese escrita en Coria del Río, por lo que todo hace indicar que tuvo que ser escrita durante su estancia en Cantillana, entre la Asamblea de Ronda de 1918 y su traslado a Isla Cristina. El hecho de que hubiese estado hasta el año 1933 sin ver la luz guarda relación con los años de dictadura primorriverista y el que su estreno tuviese relación con un gran acto andaluz, que en este caso fue la Asamblea de Córdoba de dicho año.

Otro de los objetivos que nos planteamos al comienzo de la investigación fue revisar las fuentes documentales y sonoras en relación con la primera grabación del Himno. Para conseguir lo marcado, hemos realizado una extensa consulta de los medios relacionados con Carlos Cano, tanto en su web oficial como en las diferentes entrevistas concedidas por el cantautor sobre el tema que nos ocupa, las cuales pueden ser visionadas en el portal digital YouTube. Por otra parte, gracias a la amabilidad del periodista Enrique García Gordillo, hemos podido descubrir una grabación anterior a la realizada por Cano. Creemos importante distinguir dos aspectos en cuanto a las grabaciones; a pesar de la mala calidad de la grabación aportada por García Gordillo, el Himno es perfectamente reconocible, por lo que no hay dudas de que fue grabado antes que la versión de Cano. La segunda cuestión que creemos importante comentar es que ambas versiones pueden entenderse como complementarias. La primera es una versión a piano realizada en la casa de un particular y donde la letra del Himno no se canta; la segunda, por el contrario, es realizada en un estudio de grabación con un coro cantando la letra que recoge la partitura. En definitiva y como conclusión, si buscamos la primera vez que se grabó el Himno tenemos que coger como referencia la que grabó García Gordillo, si por el contrario queremos la primera versión de estudio completa del Himno, tenemos que tomar como referencia la realizada por Carlos Cano.

En el plano musicológico, se ha recopilado el máximo de versiones disponibles para banda de música que son interpretadas a lo largo del territorio andaluz, llegando a datar más de siete versiones distintas. No ha sido sencillo recopilar todas estas versiones, pero creemos que hemos conseguido con éxito el objetivo que nos pusimos al inicio de nuestro trabajo. Varios son los elementos que nos han llamado la atención a la hora de analizar las distintas versiones bandísticas, que pasaremos a comentar a continuación:

— Cada autor escribe la introducción de una forma distinta, sin respetar la escrita en las partituras históricas. Según quién sea el compositor encontramos versiones con introducciones más cortas, es el caso de Albero, Castillo, Molina o Ruzafa, o con introducciones más largas, como es el caso de Sanchís, Herrera Mijez o Campoy. En cuanto a la tonalidad, es respetada por todos excepto por Manuel Castillo. Algo similar ocurre con el compás, a veces escritos en compás de compasillo, a veces en compás de dos por cuatro, con la excepción de la versión que usa el compás de seis por ocho para finalizar el Himno.
— El compás 6 también ha sido motivo de estudio. Si ya en las partituras históricas encontramos diferencias en ese compás, en las versiones para banda no ha sido menos. En

la versión de Ruzafa, vemos la fuerte influencia que tiene en él la partitura H-v.1990 ya que escribe el compás de la misma forma que en la partitura histórica antes mencionada. Versiones como la de Albero, Sanchís, Molina, Herrera Mijez o Campoy, escriben solo una figura, a veces redonda, a veces blanca, dependiendo del compás, pero manteniendo la esencia de la melodía original. Sin embargo, la versión de Castillo cambia por completo lo escrito en las partituras históricas, sustituyéndolo por una variación del propio autor.

— El compás 25 también ha sido motivo de estudio en las versiones bandísticas. Al igual que hemos visto en el compás 6, cada autor ha entendido ese compás de una forma distinta. Ruzafa y Molina mantienen lo escrito en la partitura H-v.1990 cambiando la unión letra-música. Por otro lado, autores como Albero, Herrera Mijez, Sanchís, Campoy y Castillo entienden ese compás de una forma casi idéntica

— La coda, al igual que ocurre con la introducción, es muy variada. Solo la primera versión del Himno de Albero y la versión de Castillo se acercan a lo escrito en las partituras históricas.

— Por último, nos ha llamado poderosamente la atención la disparidad vista en la alteración o no, de la última corchea de la melodía del compás 21. Albero, en su primera versión, escribe esa nota (la) bemol y en su segunda versión natural. Autores como Sanchís, Molina, Campoy la escriben bemol, sin embargo, autores como Castillo o Ruzafa la escriben natural. Esta disparidad de criterios viene motivada por la forma que está escrito el compás 21 en las partituras históricas; en H-v.1977 aparece bemol y en el resto natural. Es por ello que creemos necesario que en futuras versiones se unifique si esa nota debe ser o no becuadro. Esta disparidad es debida a que cada autor se basó en una partitura histórica distinta para realizar su versión, de ahí que no haya unanimidad en cuanto a la alteración de esa corchea.

El marcarnos como objetivo revisar obras que han sido atribuidas como himno de Andalucía nos ha permitido conocer y rescatar una amplia documentación musical, en muchos casos desconocida. Hemos podido observar y analizar que composiciones como *Nobles andaluces* de Jaime Baliú poco o nada tiene que ver con un himno de Andalucía propiamente dicho. Algo similar le ocurre al pasodoble *La Giralda*. Si bien en el caso de esta pieza sí fue usada como himno no oficial. El criterio principal que se escogió fue la dedicatoria que su autor dejó escrito en la portada de la misma, «marcha andaluza». El caso del pasodoble escrito por José Power Reta, *Brisas andaluzas*, es idéntico a lo comentado anteriormente con la obra de Baliú. Obras como *Himno a Andalucía* sí dan pie a que sean atribuidas como himno al llevar en su título la palabra «himno» y «Andalucía». A pesar de ello, nunca fue compuesto como un himno oficial y representativo como tal y sí, más bien, como una pieza homenaje a la tierra andaluza. El caso de Manuel López Farfán sí resulta más llamativo. El compositor sevillano decidió componer su propio himno. El hecho de que resulte llamativo es que él residió en Coria al mismo tiempo que Blas Infante, sin embargo, no tuvo en cuenta nada de lo que Infante había escrito. Llamativo es también el himno de Andalucía que compuso Juan G. García Escobar en una época marcada por la censura y el olvido de todo lo relacionado con los sentimientos andalucistas. Ya en la democracia, encontramos el *Himno de Andalucía* compuesto por el maestro Manuel Quiroga que, a pesar de que su título pueda llevar a pensar que fue escrito con la intención de que fuese usado como himno, la realidad es que fue una composición propia del autor sevillano donde agradecía a su tierra la inspiración que siempre le había dado.

Comentar las distintas controversias y problemáticas en torno al Himno ha sido quizás uno de los puntos más complicados de lograr al existir numerosas y variadas problemáticas en torno a la composición. En relación con la autoría de las partituras, aunque no hayamos podido encontrar una respuesta a ella, hemos podido sacar alguna hipótesis al respecto. Ya hemos mencionado durante la presente investigación que la Ley 3/1982 de 21 de diciembre sobre el Himno y el Escudo de Andalucía, en su artículo 5, reconoce a José del Castillo como la persona que armonizó la música y a Blas Infante como la persona que creó y anotó la melodía. Pero ¿a qué se refiere la ley cuando afirma que José del Castillo fue quien armonizó la música?, ¿a las partituras que nos han llegado a día de hoy?, ¿a las partituras que realizó para la banda, que no han llegado hasta nuestros días? Por un lado, sabemos que José del Castillo instrumentó la partitura del himno de Andalucía en 1936 para banda de música, prueba de ello son las referencias hemerográficas de ese mismo año en los que se anuncia la interpretación del Himno con la instrumentación del maestro Del Castillo. Sin embargo, la cultura popular ha atribuido, desde un primer momento, también, al músico sevillano las partituras a piano que se conservan. Tras realizar un análisis musical minucioso de las partituras del himno y de la escasa obra que nos ha llegado de José del Castillo, creemos que esta afirmación presenta serias dudas.

En primer lugar, el análisis musical del himno nos muestra varios aspectos; por una parte, la sencillez del acompañamiento y la poca variedad, así como el uso de una armonía no excesivamente elaborada y con errores en algunos compases, a diferencia de Del Castillo que utiliza una armonía más densa, solvente y cuidada. En segundo lugar, la forma como están escritas las voces, sobre todo, las voces graves, siempre con las plicas hacia arriba a diferencia de las partituras del músico sevillano donde aparecen siempre hacia abajo es otro aspecto que tener en cuenta. Las partituras históricas presentan una cantidad de información que contrasta con lo escuetas que son las partituras de José del Castillo. Otro elemento musical que ha pasado desapercibido, pero que a nuestro juicio nos da información sobre la no participación de José del Castillo, es cómo está escrito el símbolo de la 𝄋 en el Himno. Vistas las partituras de José del Castillo, el músico sevillano escribe siempre el símbolo al revés de como aparece en la partitura andaluza.

Como se ha puesto de relieve en el presente trabajo de investigación, la grafía también ha sido un elemento tomado como referencia a la hora de discernir la autoría de las partituras. En el caso de José del Castillo, se tomó como referencia la dedicatoria de la portada de la marcha *Camino del Gólgota*, escrita por su puño y letra, para compararla con la grafía de la partitura H-v.1977, al ser la única manuscrita. La grafía del que fuera director de la Banda Municipal de Sevilla parece más fluida y hay evidentes diferencias en cuanto al trazo de las claves de sol y de fa. Por otro lado, letras como la *b* no parecen tener relación alguna entre ambas partituras. Para finalizar, la producción del músico sevillano no se limitó a la banda de música, componiendo, además, distintos tipos de canciones para variados artistas, lo que pone de relieve que estaba familiarizado con unir música y texto. Es por ello que los errores, algunos importantes, en cuanto a la unión entre la música y el texto, que hacen prácticamente imposible su cuadratura nos hacen concluir que José del Castillo no tuvo participación en las partituras que se conservan y sí en las posterior versión, para banda de música, estrenada en 1936.

En cuanto a Blas Infante, en su libro *Orígenes de lo flamenco y secreto del cante jondo*, recoge que escucha la melodía en Cantillana en el tono de do mayor modulando a sol mayor, mientras paseaba por los campos de dicha localidad sevillana. Infante en su época de notario en dicho municipio no tenía conocimientos musicales como así atestigua su propia familia en un reportaje publicado en Canal Sur sobre la figura del escritor malagueño, donde reconocen que comienza a estudiar música cuando se instala en Coria o durante los últimos años de su presencia en Isla Cristina. Si tenemos como referencia este testimonio de la propia familia de Infante, es imposible que, al oír cantar la melodía, reconociera el tono principal y hacia donde modulaba. Para encontrar una respuesta a lo escrito por Infante, hay que remontarse a su etapa en el colegio de los Escolapios de Archidona donde se cantaba el *Santo Dios* (melodía que se usaría más tarde para el Himno) en el tono de do mayor, modulando a sol mayor, como así consta en los archivos del colegio. Por tanto, una hipótesis plausible es que Infante dejara recogido por escrito lo que ya conocía de su etapa en el colegio atribuyéndolo, esta vez, a los jornaleros de Cantillana.

Si bien es cierto que existen varias versiones del *Santo Dios*, la versión que se canta en Cantillana, como atestiguan vecinos del propio pueblo y la web del Centro de Estudios Andaluces, comienza con lo que sería el estribillo del Himno y no con la estrofa, lo que pone en duda, más si cabe, que Infante escuchara el *Santo Dios* por los jornaleros cantillaneros, o, al menos, no de la forma que dejó escrito en su libro. A esta cuestión, y siempre tomando como referencia los testimonios de su propia familia, hay que añadir que Infante disponía de vagos o inexistentes conocimientos musicales en su etapa como notario en la localidad de la Vega del Guadalquivir, por lo que resulta prácticamente imposible que pudiese saber el tono en el que cantaban los jornaleros.

Otro aspecto que tiene que ver con lo escrito, es la referencia que hace Infante acerca del tono de sol mayor. Según Infante, el tono de sol es un tono campestre y a la canción de trabajo los griegos la llamaron «*lytiersa*». Una vez analizados los elementos, podemos afirmar que el tono de sol no es un tema campestre, como ya hemos visto en el presente trabajo. Más bien, Infante copia lo que el físico Fernández Berrueta había escrito años antes en su libro *Teoría Física de la Música*. Este, a su vez, había copiado (sí lo referenció) las características que otros autores, como Lavignac o Gevaert, habían atribuido a los distintos tonos. En cuanto al término «*lytiersa*», hemos podido concluir que Fernández Berrueta tenía conocimientos acerca de la mitología griega y de ahí el uso de la palabra «*lytiersa*». No podemos concluir si Infante tenía también conocimientos acerca de autores griegos ya que no hay constancia al respecto, lo que sí podemos poner de relieve es que el único documento suyo en el que explica el término «*lytiersa*» está plagado de errores.

No hemos encontrado una razón por la cual, a pesar de que Infante escribe que escucha la melodía sobre la que se basó en do mayor, la escribe posteriormente en mi bemol mayor, más allá de la hipótesis de que guarde alguna relación con la masonería a la que pertenecía, ya que la mayoría de la música masónica suele estar escrita en la tonalidad de mi bemol mayor. A pesar de ello, para una persona sin conocimientos musicales o con vagos conocimientos, como tenía Infante en esos momentos, es una tarea casi imposible el que supiera realizar el transporte de una tonalidad a la otra. Al igual que se hizo con José del Castillo, se comparó la grafía de Infante, tomando como referencia los documentos existentes en su archivo personal con H-v.1977. Si bien hay letras como la *s* que sí guardan cierto parecido, hay otras como la *b* que no se corresponden con la grafía de Infante. Por todo lo expuesto, la conclusión extraída es que Infante no fue la persona que escribió las partituras, o al menos no él directamente, por lo que tuvo que ser una tercera persona quien la escribiese. Este hecho no descarta la participación de Infante en la elaboración, ya que ha quedado demostrado que fue una melodía familiar para él la que se usó para elaborar el Himno, pero sí queda descartado que fuesen escritas de su puño y letra. A pesar de no haber resuelto quién escribió las partituras históricas, creemos que a partir de la presente investigación se han sentado las bases para que en investigaciones futuras, profundicen más al respecto.

No han sido estas las únicas controversias en torno al Himno. Una de las más sonadas fue la que tuvo lugar entre la familia Infante y la Junta, por un lado, con la SGAE por los derechos del Himno. El hecho de que Andalucía no cuente aún con una versión oficial a pesar de que, desde el año 1982, quedó recogido que se haría, ha provocado que prácticamente cualquier persona haya hecho su propia versión del Himno e incluso lo haya registrado a su nombre para que le reporte beneficios económicos. Creemos que con la presente investigación podría ser un buen momento para retomar la proposición no de ley en la que se estudió la conveniencia de realizar una versión oficial que acabe con los problemas que el no tenerla implica.

Otro de los objetivos alcanzados es el relacionado con el análisis del texto del Himno, así como su relación y comparación con otros textos atribuidos como himnos. Varios son los textos encontrados que guardan relación con la temática que nos ocupa, sin embargo, creemos que el texto escrito por el doctor Orellana sirvió de inspiración o, al menos, el que más marcó a Infante a la hora de elaborar suyo. Orellana ya presentó su texto con clara intención de que fuese elegido como oficial para un futuro Himno en la Asamblea de Ronda y sabemos por escritos de Infante que no solo guardaban relación de amistad, sino que además se deshizo en elogios cuando conoció el texto de Orellana. En cuanto al texto escrito por Infante, son claras las alusiones al ideal andaluz político que intentaba abrirse camino en la Andalucía de la época.

Para concluir, el análisis musical de la partitura del Himno (H-v.1982 al ser la oficial) nos ha permitido descubrir, al contrario de lo que se ha venido creyendo, una mayor dificultad en su composición tanto armónica como melódica, así como una intencionalidad no reconocida. Ejemplo de ello son las primeras notas de la partitura, las cuales parecen estar pensadas para ser interpretadas por un timbal. Además de ello, hemos encontrado un alto grado de relación entre las distintas secciones, lo que nos hace pensar que la persona que compuso la partitura tenía una idea clara de lo que quería que realizar.

BIBLIOGRAFÍA

Álvarez Rey, Leandro (1996). *Aproximación a un mito: masonería y política en la Sevilla del siglo XX*. Sevilla, Área de Cultura del Ayuntamiento de Sevilla.

Arnaiz, Miguel (2018). *Una historia del himno de Andalucía: de Blas Infante a Rocío Jurado*. Madrid, Universidad Complutense de Madrid.

Carmona Rodríguez, Manuel (1998). *Semblanza histórica de la Banda Municipal de Sevilla*. Castilleja de la Cuesta, Sevilla. J. J. C. R.

Carmona Sarmiento, José Carlos (2002). *Informe y propuesta sobre la melodía del himno de Andalucía para su posterior armonización para orquesta y coro*. Sevilla, 18-11-2002.

Cataño García, Eva (2021). *La imagen de Blas Infante y del andalucismo en la prensa española de la Segunda República*. Sevilla, Universidad de Sevilla.

Domínguez Berrueta, Juan (1927). *Teoría física de la música*. Madrid, Talleres «Voluntad».

Estévez Bautista, R. (2008): «Nuestro himno de Andalucía a debate». En *Actas del XII Congreso sobre el Andalucismo Histórico*. Editado por Pedro Ruiz Berdejo, pp. 309-314, Sevilla, Fundación Blas Infante.

Estévez Bautista, R. (2012): «El himno de Andalucía en la música nacionalista». En *Actas del XIV Congreso sobre el Andalucismo Histórico*. Editado por Pedro Ruiz Berdejo, pp. 269-276, Sevilla, Fundación Blas Infante.

García Teijeiro, Manuel y Molinos Tejada, María Teresa (1986). *Bucólicos Griegos.* Madrid, Ed. Gredos.

Gevaert, François-Aguste (1905-1907). *Traité d'harmonie théorique et practique.* París, Henri Lemoine.

Grimal, Pierra (1965). *Diccionario de mitología griega y romana.* Barcelona, Ed. Paidós.

Hernández, J. M. (1985). *Blas Infante y Andalucía.* Sevilla, Fundación Blas Infante.

Hijano Del Río, M. y Ruiz Roreno, M. (1995). *El ideal andaluz en la II República. La Asamblea Regional Andaluza de 1933.* Sevilla, Fundación Blas Infante.

Hijano Del Río, M. y Ruiz Romero, M. (1995). *Sevilla en el recuerdo. Alfonso Lasso de la Vega (1898-1977): una vida dedicada a la cultura andaluza.* Sevilla, Centro de Estudios Históricos de Andalucía.

Hijano Del Río, M. y Ruiz Romero, M. (1995). «Alfonso Lasso de la Vega (1898-1977). Datos para la reconstrucción del andalucismo en el exilio». En *Actas del IV Congreso sobre el Andalucismo Histórico.* Editado por Fundación Blas Infante, pp. 359-378, Sevilla.

Iglesias Blandón, J., Rodríguez Grimail, F. J., Tovar Florencio, F. J. (2009). *La otra cara del andalucismo.* Sevilla, trabajo de investigación. Universidad de Sevilla.

Infante Pérez, Blas (1915). *El ideal andaluz.* Sevilla, Centro de Estudios Andaluces, edición de 2010.

Infante Pérez, Blas (1980). *Orígenes de lo flamenco y secreto del cante jondo.* Sevilla, Junta de Andalucía. Consejería de Cultura, edición de 2010.

Iniesta Coullaut-Valera, Enrique (2000). *Blas Infante, toda su verdad, 1885-1919. Vol. I.* Sevilla, Signatura Ediciones.

Iniesta Coullaut-Valera, Enrique (2003). *Blas Infante, toda su verdad, 1919-1933. Vol. II,* Sevilla, Ed. Atrio.

Iniesta Coullaut-Valera, Enrique (2007). *Blas Infante, toda su verdad, 1931-1936. Vol. III,* Sevilla, Almuzara.

Lacomba, J. Antonio (1979). *Cuatro textos políticos andaluces (1883-1933).* Granada, Universidad de Granada.

Lavignac, Albert (1895). *La musique et les musiciens.* París, CH. Delagrave.

Ruiz Romero, Manuel (2003). «Un palacio para el pueblo. La gestión de Alfonso Lasso de la Vega en el Alcázar de Sevilla». En *Los conservadores municipales del Real Alcázar.* Patronato del Real Alcázar, pp. 9-48, Sevilla.

Ruiz Romero, Manuel (2007). «Los símbolos institucionales de Andalucía (1918-1982): De la marginalidad al pleno reconocimiento institucional». En *Actas del II Congreso Internacional de Investigadores en Relaciones Públicas.* Universidad Pablo de Olavide, pp. 683-701. Sevilla.

Ruiz Romero, Manuel (2021). «Símbolos de Andalucía: identidad, pueblo e instituciones». En *Andalucismo histórico. Cien años de la Asamblea de Ronda.* Córdoba. Editado por Delgado Cabeza, M., pp. 53-85, Sevilla, Almuzara.

Ruiz Romero, Manuel (2023). *Andalucismo histórico: orígenes y evolución en tiempos de Blas Infante.* Sevilla, Almuzara.

Ruiz-Berdejo Gutiérrez, Pedro (2008): «Historia comparada del himno de Andalucía para su entronque definitivo en su Estatuto de Autonomía». En *Actas del XII Congreso sobre el Andalucismo Histórico.* Editado por Pedro Ruiz-Berdejo Gutiérrez, pp. 223-238, Sevilla, Fundación Blas Infante.

NORMATIVA
(POR ORDEN CRONOLÓGICO)

Ley Orgánica 6/1981, de 30 de diciembre, de Estatuto de Autonomía para Andalucía (BOE n.º 9, 11 de enero de 1982, páginas 517 a 524).

Ley 3/1982, de 21 de diciembre, sobre el Himno y el Escudo de Andalucía (BOJA n.º 1, de 4 de enero de 1983; BOE n.º 34, de 9 de febrero de 1983).

Decreto 212/1983, de 19 de octubre. Especificaciones técnicas de los colores del Escudo de Andalucía (BOJA n.º 89, de 8 de noviembre).

Decreto 213/1983, de 19 de octubre. Especificaciones técnicas de inserción del Escudo en la Bandera de Andalucía (BOJA n.º 89, de 8 de noviembre).

Decreto 200/2002, de 9 de julio, por el que se convalida la aceptación de la donación a la Comunidad Autónoma de Andalucía, efectuada por los herederos de don Blas Infante Pérez y don Luis Infante García, de la bandera, el escudo, de los derechos registrados en la Sociedad General de Autores sobre la letra del himno de Andalucía que eran propiedad de la familia, así como los derechos que pudieran corresponderles sobre el escudo, la bandera y la música del Himno; y se adscriben a la Consejería de Relaciones Institucionales (BOJA n.º 94, de 10 de agosto del 2002).

Ley Orgánica 2/2007, de 19 de marzo, de reforma del Estatuto de Autonomía para Andalucía (BOE n.º 68, de 20 de marzo de 2007; BOJA n.º 56, de 20 de marzo del 2007).

PRENSA
(POR ORDEN CRONOLÓGICO)

«Las tropas moras». (14 de abril de 1913). *La Correspondencia de España*, p. 5. https://prensahistorica.mcu.es/es/catalogo_imagenes/grupo.do?path=7128366&idImagen=70641660&idBusqueda=565826&posicion=5&presentacion=pagina

Rodríguez de León, A.: «A manera de Himno». *Revista Andalucía.* Sevilla, 31-08-1917, pp. 6-8. https://hemerotecadigital.bne.es/hd/viewer?oid=0004482595

«Un himno a Andalucía». (15 de octubre de 1930). *El Imparcial*, p. 7. https://hemerotecadigital.bne.es/hd/es/viewer?id=9cc655b0-0b2a-4097-9489-f68de47398ea&page=7

«Se celebrará la Asamblea Regional Andaluza». (03 de noviembre de 1932). *La Crónica Meridional.* https://prensahistorica.mcu.es/es/catalogo_imagenes/grupo.do?path=1002585644

Arce, M. (16 de noviembre de 1932). «Ya tenemos bandera e himnos regionales». *Diario de Jerez*, p. 1.

«Un vivo incidente entre el diputado señor García-Hidalgo y don Blas Infante». (01 de febrero de 1933). *ABC de Sevilla.* https://www.abc.es/archivo/periodicos/abc-sevilla-19330201-21.html

«Los conciertos de la banda municipal». (6 de julio de 1936). *El Liberal*, p. 7. https://prensahistorica.mcu.es/es/catalogo_imagenes/grupo.do?path=479591

«El himno de Andalucía». (08 de julio de 1936). *El Liberal*, Madrid, p. 2. https://prensahistorica.mcu.es/es/catalogo_imagenes/grupo.do?path=479593

«Los conciertos de la banda municipal». (09 de julio de 1936). *El Liberal*, Madrid, p. 2. https://prensahistorica.mcu.es/es/catalogo_imagenes/grupo.do?path=479594

Lemos Ortega, E. (15 de marzo de 1977). «Estos son el escudo y el himno de Andalucía». *El Correo de Andalucía*. Sevilla, p. 12.

«El maestro Quiroga ha compuesto la música para la Cabalgata de los Reyes Magos». (15 de noviembre de 1977). *ABC de Sevilla*, Sevilla, p. 37. https://www.abc.es/archivo/periodicos/abc-sevilla-19771115-53.html

«Los andaluces quieren la autonomía». (05 de diciembre de 1977). *Hoja del Lunes*, p. 1. https://prensahistorica.mcu.es/es/catalogo_imagenes/grupo.do?path=7154345&idBusqueda=515043&presentacion=pagina&posicion=1

«El maestro Castillo y el himno de Andalucía». (30 de marzo de 1979). *ABC de Sevilla*, p. 9. https://www.abc.es/archivo/periodicos/abc-sevilla-19790330-9.html

«Regalo de la familia de Blas Infante al congreso de cultura andaluza». (18 de marzo de 1979). *ABC de Sevilla*, pág. 18. https://www.abc.es/archivo/periodicos/abc-sevilla-19790318-34.html

Lemos Ortega, E. (30 de marzo de 1979). «El maestro Castillo y el himno de Andalucía». *ABC de Sevilla*, p. 9. https://www.abc.es/archivo/periodicos/abc-sevilla-19790330-9.html

Gelán, F. (26 de agosto de 1979). «Polémica sobre el himno de Andalucía». *ABC*, p. 13. https://www.abc.es/archivo/periodicos/abc-sevilla-19790826-19.html

Gelán, F. (30 de agosto de 1979). «El maestro Albero ha archivado su himno de Andalucía». *ABC de Sevilla*, p. 12. https://www.abc.es/archivo/periodicos/abc-sevilla-19790830-18.html

«El maestro Villatoro hizo una nueva instrumentación del himno de Andalucía». (30 de septiembre de 1979) *ABC de Sevilla*, p. 16. https://www.abc.es/archivo/periodicos/abc-sevilla-19790930-32.html

«Concierto con el estreno del "Himno de Andalucía" de Castillo en el Teatro Nacional Lope de Vega». (27 de octubre de 1979). *ABC de Sevilla*, Sevilla, p. 36. https://www.abc.es/archivo/periodicos/abc-sevilla-19791027-48.html

«La letra y la partitura». (30 de octubre de 1979). *ABC de Sevilla*, Sevilla, p. 25.

«Centenares de miles de personas participaron en el Día de Andalucía». (03 de diciembre de 1979). *Hoja del Lunes*, p .19. https://prensahistorica.mcu.es/es/catalogo_imagenes/grupo.do?path=7127138&idBusqueda=515471&presentacion=pagina&posicion=19

«Descubierto un himno de Andalucía de 1808». (05 de enero de 1980). *El Correo de Andalucía*, Córdoba, p. 5.

«Gran victoria del Castellón en Algeciras». (26 de febrero de 1980). *Mediterráneo*, p. 11. https://prensahistorica.mcu.es/es/catalogo_imagenes/grupo.do?path=5083707&idBusqueda=515960&presentacion=pagina&posicion=11

«Dos estrenos de la Orquesta Bética». (01 de julio de 1985). *Ritmo, revista musical*, p. 80. https://prensahistorica.mcu.es/es/catalogo_imagenes/grupo.do?path=1000202812&idBusqueda=524870&presentacion=pagina&aceptar=Aceptar&posicion=80

Cartas al director. (26 de diciembre de 1995). *El País*, sección Andalucía, p. 97.

Carmona, M. (24 de mayo de 1996). «Recuperado *Mi bandera andaluza*». *Diario de Sevilla*, Sevilla, p. 18.

Rubiales, Amparo (26 de octubre de 2001). «¿Reformar el himno andaluz?». *El País*, p. 33. https://elpais.com/diario/2001/10/26/andalucia/1004048532_850215.html

López, Erika (07 de febrero de 2002). «Trasladan un escrito al Parlamento andaluz pidiendo amparo por la falta de reconocimiento a la labor de su tío-abuelo». *Diario de Sevilla*, Sevilla, p. 24.

«La familia de José del Castillo pide cumplir la proposición no de ley aprobada en 1996 sobre la edición de una versión oficial del Himno». (11 de febrero de 2002). *Diario de Sevilla*, Sevilla, p. 20.

«Un himno de Andalucía más cantable». (21 de mayo de 2004). *ABC de Andalucía*, pág. 54. https://www.abc.es/archivo/periodicos/abc-sevilla-20040521-54.html

«Grandes figuras del flamenco versionan en un disco el himno de Andalucía». (22 de febrero de 2005). *ABC de Sevilla*, p. 34. https://www.abc.es/sevilla/cultura/sevi-grandes-figuras-flamenco-versionan-disco-himno-andalucia-200502220300-20769144338_noticia.html

«El PA critica que no se interpretara el himno de Andalucía en el Partido por la Paz». (29 de diciembre de 2006). *ABC de Andalucía*, p. 28. https://www.abc.es/espana/andalucia/sevi-critica-no-interpretara-himno-andalucia-partido-200612290300-153657988955_noticia.html

«Piden que se toque el himno andaluz al salir los pasos». (28 de marzo de 2007). *ABC*, sección Andalucía. https://www.abc.es/espana/andalucia/cordoba/sevi-piden-toque-himno-andaluz-salir-pasos-200703280300-1632229265344_noticia.html

«El PP propone hacer oficial la versión del himno andaluz cantado por Rocío Jurado». (24 de octubre de 2007). *El Mundo.es*, sección Andalucía, p. 45. https://www.elmundo.es/elmundo/2007/10/24/espana/1193240004.html

«La SGAE cobra por el himno andaluz aunque la familia de Blas Infante donó los derechos al pueblo». (01 de febrero de 2009). *ABC*, sección Andalucía, p. 56. https://www.abc.es/sevilla/cultura/sevi-sgae-cobra-himno-andaluz-aunque-familia-blas-infante-dono-derechos-pueblo-200902010300-912837105999_noticia.html

«La SGAE cobra por el himno andaluz regalado a la región por la familia Infante». (02 de febrero de 2009). *Libertad Digital*, Madrid, p. 42. https://www.libertaddigital.com/internet/la-sgae-cobra-por-el-himno-andaluz-regalado-a-la-region-por-la-familia-infante-1276349778/

García Reyes, A. (10 de febrero de 2009). «La Junta envía un decreto a la SGAE para que deje de cobrar por el himno andaluz». *ABC de Sevilla*, p. 31. https://www.abc.es/sevilla/cultura/sevi-junta-envia-decreto-sgae-para-deje-cobrar-himno-andaluz-200902100300-913022020224_noticia.html

«Polémica por los derechos del himno de Andalucía». (15 de septiembre de 2009). *El Correo de Andalucía*, Sevilla, p. 55.

Arias, Jesús (25 de enero de 2012). «Donado a Granada el piano en el que se compuso el himno andaluz». *Granada Hoy*, p. 43. https://www.granadahoy.com/ocio/Donado-Granada-piano-compuso-andaluz_0_554945142.html

Martín Laínez. (29 de abril de 2013). «¿Es una copia el himno de Andalucía?». *ABC de Andalucía*.https://www.abc.es/espana/andalucia/20130429/sevi-himno-andalucia-plagio-201304281809.html

Acedo, N. (03 de enero de 2014). «SGAE y Junta desafinan con el himno andaluz». *La Razón*, sección Andalucía, p. 53. https://www.larazon.es/local/andalucia/sgae-y-junta-desafinan-con-el-himno-andaluz-FK4963205/

S. D. (12 de agosto de 2015). «Qué dice la letra del himno de Andalucía». *ABC*, sección de deportes, p. 29. https://www.

abc.es/deportes/futbol/20150813/abci-letra-himno-andaluz-201508121939.html

Acedo, N. (07 de diciembre de 2017). «El líder del SAT llama a feminizar el himno de Andalucía». *La Razón*, p. 41. https://www.larazon.es/local/andalucia/el-lider-del-sat-llama-a-feminizar-el-himno-de-andalucia-AD17144958/

«El Ayuntamiento de Sevilla entrega una Declaración Oficial de Reparación aprobada por el Gobierno para los empleados municipales cesados y sancionados durante la dictadura». (04 de mayo de 2018). *Diario de Sevilla*, Sevilla, p. 16.

«Sanlúcar apoya institucionalizar el himno de Andalucía de Rocío Jurado». (28 de febrero de 2019). *Andalucía Información*, p. 21.

«Una soberbia Pastora Soler emociona con su interpretación del himno de Andalucía». (28 de febrero de 2019). *El Correo de Andalucía*, p. 65. https://www.elcorreoweb.es/andalucia/2019/02/28/soberbia-pastora-soler-emociona-interpretacion-104661391.html

«Polémica interpretación de Raphael del himno de Andalucía». (1 de marzo de 2021). *La Vanguardia*. https://www.lavanguardia.com/gente/20210301/6261632/raphael-himno-andalucia-polemica-twitter.html

WEBGRAFÍA

«Himno de Andalucía». *ManoloEscobar.net* (web no oficial). Disponible en: http://www.manoloescobar.net/cancionero/G/himnoandalucia.htm

«Los símbolos de Andalucía». *Web Fundación Blas Infante*. Citado el 25 de octubre de 2016. Disponible en: https://fundacionblasinfante.org/blas-infante/simbolos-de-andalucia/

«Nación Andaluza actualiza la letra del himno de Andalucía en clave feminista». Web oficial del Partido Nación Andaluza. Citado el 22 de enero de 2018. Disponible en: https://nacionandaluza.org/2018/01/22/nacion-andaluza-actualiza-la-letra-del-himno-de-andalucia-en-clave-feminista/

Arnaiz Molina, Miguel (2020). «Breve historia del himno de Andalucía parte I. Los orígenes». *Revista digital MundoClásico.com*. Citado el 12 de junio de 2020. Disponible en: https://www.mundoclasico.com/articulo/33546/Breve-historia-del-Himno-de-Andaluc%C3%ADa-1-Los-or%C3%ADgenes#15

Biblioteca Digital. *Web Centro de Estudios Andaluces*. Disponible en: https://centrodeestudiosandaluces.info/faa/

Cano, Tono (2015). «La verdiblanca de Carlos Cano». *Web Secretolivo.com* Citado en diciembre de 2015. Disponible en: https://secretolivo.com/index.php/2015/12/19/la-verdiblanca-de-carlos-cano/

Catálogo SGAE. Disponible en: https://enlinea.sgae.es/RepertorioOnline/Buscar.aspx?opcion=paginar

DOCUMENTOS AUDIOVISUALES

«Blas Infante: un hombre para un pueblo». (2016). Programa *Los Reporteros*, Canal Sur Televisión, minuto 34:50. Disponible en: https://www.youtube.com/watch?v=IBQgW6SKQqs

«Homenaje a Blas Infante». (2015). Programa *Los Reporteros*, Canal Sur Televisión. minuto 18:30. Disponible en: https://www.youtube.com/watch?v=FUdeGImALkM

Entrevista a Carlos Cano. Disponible en: https://www.youtube.com/watch?v=zErVxHtvqyw

Película *La Lola se va a los puertos.* Josefina Molina. 1993. Lotus Film Internacional S.L./Canal Sur.

Película *Una pasión singular.* Antonio Gonzalo, 2003. Imagine Line S.A. /A. G. Films S.A.

DOCUMENTOS SONOROS

«Himno de Andalucía». Carlos Cano y la Coral Heliópolis. Iberofón S. A. Partido Socialista de Andalucía, 1977, pista 1.

Álbum *Fuerza Nueva.* Grabado por Los Planetas junto a El niño de Elche, pista 1.

Álbum *Pa Lante.* Discográfica Fonográfica, pista 10.

Álbum *Sol y Rabia.* Discos Suicidas, pista 13.

CD *Flamenco, por Andalucía, España y la Humanidad.* Agencia Andaluza para el desarrollo del Flamenco. Consejería de Cultura de la Junta de Andalucía.

Consejería de Relaciones Institucionales (2000): «Historia sonora del himno andaluz». (formato CD). Junta de Andalucía, Sevilla

LISTA DE FIGURAS